60일완성
생존 중국어

현지에서 바로 써먹을 수 있는 최고의 실전 중국어!

60일 완성 생존 중국어

초판 1쇄 인쇄 2020년 9월 25일
초판 1쇄 발행 2020년 9월 29일

지은이 이원준

발행인 백유미 조영석
발행처 (주)라온아시아
주소 서울특별시 서초구 효령로 34길 4, 프린스효령빌딩 5F

등록 2016년 7월 5일 제 2016-000141호
전화 070-7600-8230   **팩스** 070-4754-2473

값 13,000원
ISBN 979-11-90820-80-6 (13720)

라온북은 독자 여러분의 소중한 원고를 기다리고 있습니다. (raonbook@raonasia.co.kr)

60일 완성 생존 중국어

이원준 지음

RAON
BOOK

한국어만 할 줄 알면
누구나 중국어를 말할 수 있다!

뇌가 말랑말랑. 암기력, 연상 암기법으로 높여라

산업공학과 출신의 언어와는 전혀 상관없는 공대생이, 게다가 중학교 때부터 한문 점수가 바닥을 기며 한자 자체를 포기했던 '한포자'였던 내가 어떻게 중국 회사에서 일하며 중국어 단어책까지 쓰게 되었을까? 내 이야기를 살짝 풀어놓는다면 이 책의 탄생 배경을 이해할 수 있을 것이다.

나에게는 누나가 한 명 있다. 같은 부모님에게서 태어났지만 엘리트의 정석 코스를 밟아갔던 누나와 달리 나는 공부에는 소질이 없었다. 한눈팔지 않고 성실하게 하는 누나와 정반대로 '최소의 노력 + 최대의 성과' 또는 '적은 시간 투자 + 빠르게 습득하는 방법' 등 효율적인 방향을 많이 연구했다. 나름의 축적된 경험과 연구 노하우를 바탕으로 대학 진학뿐만 아니라 자격증 준비, 기타 등등 나에게 맞는 공부 방법을 찾아갔다.

이때 확실하게 알게 된 사실이 하나 있다. 암기 과목을 공부할 때 내용들이 머릿속에 오래 남게 하려면 본인만의 단어 조합과 문장을 연결해 머릿속에 넣는 것이 효과적이라는 점이다. 이렇게 했을 때 무작정 외우는 것보다는 공부 내용이 훨씬 오랫동안 남아 있었다.

내가 고3이던 당시 영어 단어를 쉽게 외우는 '해마학습법'이 선풍적인 인기를 끌었다. 해마학습법은 이미지를 통해 뇌 기억을 담당하는 해마를 자극하여 오래 암기하는 방식이라고 하는데, 나는 이미 다른 과목들에도 이 방법을 적용해 공부를 해오고 있었다. 연상 암기에 대한 내용은 누구든 이미 한 번쯤 접해봤을 것이다. 다만 중국어와 관련된 연상 암기법 같은 경우 한국어와 연동하기에는 여간 쉬운 일이 아니기 때문에 지금까지 쉽게 찾아볼 수 없었다.

서른둘, 중국어로 새로운 길을 개척하다

울산에서 나름 알아주는 큰 기업에서 첫 직장 생활을 시작했다. 하지만 3년 넘게 다니고 있을 무렵 점점 똑같은 패턴의 일상에 회의가 들면서 마지못해 꾸역꾸역 다니고 있는 내 모습이 보이기 시작했다. 내 정체성이 무엇인지, 뭘 잘하고 뭘 원하는지도 모른 채 대학만 나와서 일하며 버티고 있던 것이다. 그러던 어느 날 더 이상 이렇게 살면 안 될 것 같다는 생각이 들었다. 이렇게 나이만 먹고 내가 누구인지 알지 못한 채 평생을 살면 안 되겠다고. 그렇게 결심을 하고 서른이 넘은 나이에 중국으로 무작정 떠났다.

사실 밖(중국)으로 나가자고 선택했던 이유가 있었다. 사람이 먹고살기 위해서는 각자 나름의 필살기가 있어야 한다고 생각했다. 전문적인 기술을 배우는 것도 좋지만 나는 언어가 또 하나의 필살기로 작용한다고 생각했다.

시대 흐름상 영어를 제외하면 중국어가 기본이라 생각하고 중국을 선택한 것이다. 사람과의 소통, 외국인과의 교류, 새로운 곳에 대한 호기심, 여행 등을 좋아하는 내가 우리나라 말 이외의 외국어를 하게 되니 말 그대로 날개를 단 듯 언어뿐만 아니라 세상을 보는 눈 또한 넓어지고 있었다.

일찍이 고등학교 때 우리 학교와 일본의 한 학교가 자매결연으로 교류를 했는데 생애 처음 접한 외국인과의 소통은 나에게 신선한 두근거림을 주었다. 그 이후로 꾸준히 짧은 영어 실력을 발판 삼아 그때 알게 된 친구와 메일을 계속 주고받으며 연락을 취했다. 그뿐만 아니라 군 입대 전 중국과 일본을 방문하고 우리나라 전국을 일주했다. 또한 뉴질랜드 어학연수, 동남아 출장 등을 많이 다니면서 견문을 넓혔다.

늦은 나이에 시작해 두려움은 있었지만 삶의 전환에 대해 그만큼 절실했고 그래서 더 치열하게 살았다. 회사를 관두고 중국으로 가 선전대학교 중국어학당을 다니게 됐다. 젊고 머리 좋은 친구들을 뛰어넘어 그들보다 빠르게 언어를 습득해 일을 다시 시작해야 하는 입장이었으므로 이전에 사용했던 효율적인 방법을 토대로 중국어 공부를 시작했다.

내가 중국어를 공부할 때 제일 중요하게 여긴 것은 발음과 단어였다. 공부 초반에 이것들이 확실히 정착되지 않는다면 한국인의 고질적인 영어 공부처럼 이도 저도 아닌 상태의 실력이 될 것 같았다. 그래서 철저히 중국인 앞에서 이 발음 저 발음 해보면서 최대한 원어민에 가깝게 소리를 내도록 노력했으나, 단어는 절대적인 시간과 노력이 들어가야 했다.

하지만 이것조차 최소화하기 위해 부단히 애썼다. 그 결과 최소의 투자로 기억이 오래가도록 하는 나름의 방법을 찾아내 하나씩 프레임을 짰고, 이 책을 완성하기에 이르렀다. 어떤 이들에게는 황당한 공부법일 수도 있지만 나는 이 방법으로 중국 회사에 입사해 한·중 무역 관련 업무를 맡고 있다.

마구잡이식 공부가 아닌 효율적으로 동사·형용사부터 공략

이 책은 중국어 공부를 하고 싶지만 한자 울렁증으로 인해 중국어 공부 시작조차 엄두가 나지 않는 사람, 쉽고 빠르고 재밌게 중국어 단어를 외우고 싶은 사람, 중국어를 하나도 할 줄 모르지만 당장 사업과 공부 등을 위해 정말 간단한 기본 소통과 관련된 단어만이라도 알아야 하는 사람들을 위해 쓴 책이다. 효율적인 중국어 공부 방식이 필요한 이들에게 조금이나마 도움이 되었으면 하는 바람을 이 책에 담았다.

처음 중국어에 접근할 때는 동사, 형용사와 같은 주요 서술어부터 빠르게 기억하면서 진도를 나가는 것이 훨씬 효율적이다. 왜냐하면 주어 + 서술어 순서로 말하는 영어와 비슷한 문장 구조인 중국어는 기본적인 동사(형용사)만 알아도 상대방이 어떤 말을 하고 싶어 하는지 전체적인 그림(윤곽)이 그려지기 때문이다.

먼저 책을 보기 전에 머릿속으로 한번 생각해보자. 중국 또는 외국에 간다고 가정했을 때 어떤 상황들이 순차적으로 그려지는가? 출국 전 이것 저것 사면서 준비를 하고, 지인들과 작별 인사를 나누고, 출입국을 통해 새로운 곳에 안착하면 학생 또는 직장인의 모습으로 외국인들과 대화하며 생활할 것이다. 그렇게 상황을 그려본 후 배우기 시작하면 좀 더 즐겁게 공부할 수 있을 것이다.

이 책은 총 4개의 파트로 구성되어 있다. Part 1에는 중국에서 생활할 때 반드시 알아두어야 할 기본적인 동사, 형용사를 넣었다. Part 2와 Part 3은 본격적인 중국 생활과 관련된 부분이다. Part 2에서는 유학 및 어학연수를 간 학생의 입장에서 집 안팎의 활동, 학교생활, 그 밖의 중국 생활에 전반적으로 쓰이는 단어들을 공부할 수 있다. Part 3은 출장 또는 업무상 비즈니스를 수행하는 입장에서 도착 시 픽업, 이동, 회사 내 업무 그리고 회식에서 일상적으로 오가는 단어들로 구성되어 있다. 마지막으로 Part 4에는 동사, 형용사를 제외하고 쓰임이 유용한 단어들을 넣었다.

이 책에 나오는 단어들은 HSK 1~4급(몇몇 5급 단어 포함)에 나오는 동사와 형용사를 사용했다. 더불어 각 단어들은 파트별로 나뉘어 있지만 어떤 상황에서도 널리 쓰이는 통용적이고 일반적인 기본 단어들이다. 자신의 상황에 맞는 파트의 단어만 외우기보다는 파트에 상관없이 열심히 공부했을 때 중국인들과 더 정확하게 이야기를 나눌 수 있을 것이다. 그리고 목표 설정과 꾸준한 진도 관리를 위해 하루에 10개씩 외우도록 구성했다. 의욕에 앞선 나머지 많이 외울 수 있다고 과하게 목표치를 잡아 쉽게 포기하거나 오히려 너무 적게 설정해 느슨해지지 않도록 했다. 60일이면 이 책의 제목처럼 중국에서 생존하는 데 필요한 600개 단어를 외울 수 있을 것이다.

이 책은 중국어 교수나 전문 중국어 강사가 쓴 책과는 엄연히 다르다. 똑같이 언어를 공부하는 입장에서 고안해낸, 쉽고 재밌고 효율적으로 중국어 단어를 확실하게 암기하고 싶은 사람들을 위한 노하우가 담긴 책이다. 중국어 단어를 빠르게 외우고 쉽게 기억해서 바로 꺼내 쓸 수 있도록 아주 실용적으로 만들었다. 오히려 단어책이라는 지칭보다 '왕초보를 위한 이원준의 중국어 노하우 모음집'이라는 표현이 더 명확해 보이기도 한다. 이 방법을 믿고 따라 한다면 내가 그랬던 것처럼 당신도 원하는 목표를 이룸과 동시에 중국어뿐만 아니라 또 다른 기회의 문도 여는 기회를 맛보게 될 것이다. 당신의 건투를 빈다.

이원준

이 책의 특징

중국어는 한자로 인해 쉽게 접근하기도 힘들고 두려움에 많은 사람이 포기하게 되는데 나 또한 시작 전에 부담감이 컸다. 물론 중국어 실력 향상을 위해 한자를 언젠가는 알아야 한다는 것은 분명한 사실이다. 하지만 처음 시작하는 사람들이 애초부터 그런 부담을 가지고 갈 필요는 전혀 없다는 것을 직접 공부해보며 알게 되었다. 한자 읽기가 안 되더라도 중국인과 대화하는 데에는 전혀 문제될 것이 없다는 사실과 정확한 발음과 단어만 머릿속에 들어 있다면 누구든 접근할 수 있는 언어라는 것을 깨달았기 때문이다.

이 책은 중국어를 처음 시작할 때 제일 중요한 발음과 단어 암기에 중점을 두었으며, 다음과 같은 특징을 가지고 있다.

- 연상할 수 있는 문장 속에서 발음과 뜻을 자연스럽게 습득
- 한자에 대한 스트레스를 없애고 실제 발음에 가깝도록 한글로 표기
- 예문은 최대한 간결하고 쉬우면서 실제 중국 생활에서 접할 수 있는 문장으로 구성
- 단어 뜻은 기본 1~2개, 최대 3개(뜻이 다수인 어휘가 많지만 기본 소통에 필요한 의미들로 발췌)

일러두기

1. 권설음 표기: △

zh, ch, sh, r과 같이 z, c, s, l와 구분되어 영어처럼 혀를 말아서 발음해야 하는 부분을 '권설음'이라고 한다. 한글 모음 ㅑ, ㅕ, ㅛ, ㅠ를 사용해 읽기 쉽도록 표기했으나, 한글로 표현하기 힘든 부분은 한글 발음 옆에 세모로 표기했다(예: 人 rén 런△).

2. f 발음 표기: ◇

f와 같이 p와 구분되어 영어처럼 윗니로 아랫입술을 깨물면서 발음해야 하는 부분은 한글 발음 옆에 마름모로 표기했다(예: 飞机 fēijī 페이◇지).

3. 품사 표기

품사는 다음과 같이 표기한다.

㉣ 감탄사　㈐ 대명사　㈌ 동사　㈇ 명사　㈏ 부사　㈎ 양사　㈑ 접속사　㈈ 조사　㈓ 형용사

4. 성조 표기

성조는 다음과 같이 표기한다.

1성 →　　2성 ／　　3성 ∨　　4성 ＼

5. 儿발음 제외

북방 지역에서 사용하는 儿[er 얼] 발음은 선전(심천)과 같은 남방 지역에선 사용하지 않는다. 북방식을 따라 표기할까 고민하다가 내가 공부한 것들을 그대로 나타내야 직접 경험한 사실이 독자에게 명확히 전달되므로 남방식으로 표기하기로 결정했다. 현지 원어민에게 문의해본 바에 따르면 남방식으로 공부해도 중국인(북방인 포함)과의 소통에는 전혀 문제가 없으므로 내가 배운 그대로 책에 녹였다.

예를 들어 '어디'란 뜻의 哪는 북방에서는 哪儿[nǎr 날]로 발음하지만, 남방에서는 哪[nǎ 나] 혹은 哪里[nǎlǐ 나리]로 사용한다.

참고로 중국인에게 儿을 사용하면 어떤 느낌이냐고 물어보니 북방인 같은 경우에는 儿이 있으므로 발음이 좀 더 부드럽게 들린다고 한다.

이 책의 활용법

1. 연상 암기 부분의 문장을 억지로 외우려고 달달 암기하지 말고 문장을 읽어보며 머릿속에 그 장면을 떠올린다.

2. 세 번 정도 문장을 보면서 장면을 떠올렸다면 중요 부분인 발음과 뜻만 빠르게 열 번 입으로 내뱉어보면서 머릿속에 넣는다.

HSK 급수 ← [HSK2]

단어 중국어 표기 ← **好吃**

하~ 입김을 불며 추운 오호츠크해 지방에서 구워 먹는 물고기는 정말 맛있다.

병음 ← [hǎochī]

성조 ← ∨ →

중국어 발음 한글 표기 ← 하오 츠△

품사 및 의미 ← [형] 맛있다

这里有什么好吃的?
Zhèlǐ yǒu shénme hǎochī de?
이곳에는 어떤 맛있는 것들이 있나요?
这里 [대] 여기 / 有 [동] 있다 / 什么 [대] 무슨 / 的 [조] 명사화시킴

원준쌤의 중국어 팁! – '오'와 '어'의 한끗 차이

口[kǒu]를 발음할 때 '코우'라고 하지 않고 '커우'라고 하는 게 좋습니다. 병음 'ou'가 '오우'로 발음될 것처럼 보이지만 우리말로 굳이 표현하자면 '어우'입니다. 예를 들어 '걷다'라는 의미의 '走[zǒu 조우]'는 '저우'라고 하는 게 정확합니다. (사실 이 부분은 중국어 발음을 한국어로 굳이 표현해서 나타내는 부분이라 여러 서적이나 자료를 봐도 쓰는 사람에 따라 차이가 있습니다.) 중국인과 대화해보면 '오우'라고 발음해도 중국인이 알아들을 뿐 아니라 소통하는 데는 전혀 문제가 없습니다. 하지만 아주 미묘한 차이를 따져서 더 정확한 발음으로 한다면 '어우'라고 한다는 점 알아두기 바랍니다.

예를 들어 위의 '하~ 입김을 불며 추운 오호츠크해 지방에서 구워 먹는 물고기는 정말 맛있다'라는 문장이 있다면, 추운 오호츠크해에서 입김을 불며 두껍게 옷을 입은 채 쪼그리고 앉아서 잡은 물고기를 굽고 있는 자신의 모습을 상상한다. 그리고 발음과 뜻 부분만 반복적으로 본다. 그러면 '하오츠의 뜻이 뭐였지?'라고 생각한다면, 추운 오호츠크해 지방에서 입김을 불며 물고기를 잡아 구워 먹는 모습이 떠오르면서 '아, 그때 내가 맛있게 먹었었지' 하면서 뜻이 바로 연동되어 연상될 것이다. 반대로 '맛있다'라는 뜻이 무슨 발음이었는지 떠올려본다면, 맛있게 먹을 때는 추운 지방에서 입김을 불며 물고기를 구웠었고, 추운 지방 하면 '하~ 오호츠크였지' 하면서 발음이 연상되는 것 또한 마찬가지다.

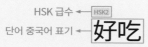

Part 3
비즈니스와 출장 때 쓰는 기본 동사·형용사

Part 4
동사·형용사 외 쓰기 유용한 단어

Part 1

꼭 알아야 할
기본 동사·형용사

HSK4

安全

[ānquán]

→ ↗
안 취앤

형 안전하다

<u>안전하게</u> 부축해주자 "나 **안 취핸쓰(취했어)!**"라며 뿌리 쳤다.

注意安全。
Zhùyì ānquán.
안전에 주의해요.

注意 동 주의하다

HSK5

安慰

[ānwèi]

→ ↘
안 웨이

동 위로하다, 위안하다

암웨이에서 목표를 달성했다고 격려하고 **위로해주었다.**

谢谢你安慰我几句。
Xièxie nǐ ānwèi wǒ jǐ jù.
위로의 말을 해주셔서 감사합니다.

谢谢 동 감사하다 / 你 때 너 / 我 때 나 / 几 몇 / 句 양 마디

HSK2

白

[bái]

↗
바이

형 하얗다

흰 원피스를 입고 멋지게 **바이**올린 연주를 했다.

这件白色的衣服真好看。
Zhè jiàn báisè de yīfu zhēn hǎokàn.
이 하얀색 옷은 정말 괜찮네.

这 때 이 / 件 양 옷을 셀 때 쓰는 양사 / 白色 명 흰색 / 的 조 ~의 / 衣服 명 옷 / 真 부 정말 / 好看 형 보기 좋다

办理

[bànlǐ]
↘ ∨
빤 리
(동) 처리하다

혀 짧은 김 부장 왈 "어이 이 과장! 빤리(빨리) 처리해!"

办理登机手续后, 请前往出境大厅。
Bànlǐ dēngjī shǒuxù hòu, qǐng qiánwǎng chūjìng dàtīng.
탑승 수속 처리 후 출국장으로 가십시오.

登机 (동) (비행기에) 탑승하다 / 手续 (명) 수속하다 / 后 (명) 후 / 请 상대방에게 어떤 일을 부탁하거나 권할 때 쓰는 정중한 표현 / 前往 (동) 향해 가다 / 出境 (동) 국경을 떠나다 / 大厅 (명) 홀

宝贵

[bǎoguì]
∨ ↘
바오 꾸에이
(형) 소중하다, 귀중하다

소중하게 아끼던 오리가 바로 꽥~ 하고 죽었다.

不能丢失。这个东西非常宝贵。
Bùnéng diūshī. Zhège dōngxi fēicháng bǎoguì.
잃어버리면 안 돼. 이거 엄청 귀한 거야.

不能 ~해서는 안 된다 / 丢失 (동) 잃어버리다 / 这个 (대) 이 / 东西 (명) 물건 / 非常 (부) 매우

保护

[bǎohù]
∨ ↘
바오 후
(동) 보호하다

아이는 오전엔 내가 보호할 테니 당신이 봐요, 오후에.

别担心, 我好好保护她。
Bié dānxīn, wǒ hǎohǎo bǎohù tā.
걱정 마요, 제가 그녀를 잘 보호해줄게요.

别 (부) ~하지 마라 / 担心 (동) 걱정하다 / 我 (대) 나 / 好好 (부) 잘 / 她 (대) 그녀

别

[bié]
↗
비에
(동) 헤어지다 (부) ~하지 마라

연인과 헤어져 비애에 잠기다.

你别这么说。
Nǐ bié zhème shuō.
이런 식으로 말하지 마.

你 (대) 너 / 这么 (대) 이렇게 / 说 (동) 말하다

HSK2

长

[cháng]

↗

챵

형 길다

중세시대에는 **긴** 창과 방패가 주 무기였다.

这条裤子太长了。

Zhè tiáo kùzi tài cháng le.

이 바지는 너무 길다.

这 때 이 / 条 양 바지·치마 등을 셀 때 씀 / 裤子 명 바지 / 太…了 너무 ~하다

HSK2

穿

[chuān]

→

츄안

동 입다

그는 **추안**(못생긴 얼굴)이지만 옷을 잘 **입는** 멋쟁이다.

你试试穿这件衣服吧。

Nǐ shìshi chuān zhè jiàn yīfu ba.

이 옷 한번 입어봐.

你 때 너 / 试试 한번 해보다 / 这 때 이 / 件 양 옷을 셀 때 씀 / 衣服 명 옷 / 吧 문장의 끝에 쓰여 제의·청구·명령·독촉을 나타냄

HSK4

出发

[chūfā]

→ →

츄 파◇

동 출발하다

아무에게나 **추파**를 던지는 그와 헤어진 뒤 새 **출발했다.**

后天晚上6点出发。

Hòutiān wǎnshang liùdiǎn chūfā.

모레 저녁 6시에 출발한다.

后天 명 모레 / 晚上 명 저녁 / 6点 6시

HSK5

吹

[chuī]
→
츄에이

(동) 불다

바람이 **부니** 산발이 되어 얼굴이 너무 **추에이**(추해).

今天吹了很大的风。
Jīntiān chuī le hěn dà de fēng.
오늘 바람이 심하게 불었다.

今天 (명) 오늘 / 了 동사나 형용사 뒤에 쓰여 동작 또는 변화가 완료되었음을 나타냄 /
很 (부) 매우 / 大 (형) 크다 / 的 (조) ~의 / 风 (명) 바람

HSK5

出示

[chūshì]
→ ↘
츄 스△

(동) 내보이다, 제시하다

새 폰을 **내보이자** 기쁜 마음을 **추스**르기 어려웠다.

请出示你的护照。
Qǐng chūshì nǐ de hùzhào.
여권 좀 보여주세요.

请 상대방에게 어떤 일을 부탁하거나 권할 때 쓰는 정중한 표현 / 你 (대) 너 / 的 (조) ~의
/ 护照 (명) 여권

HSK4

粗心

[cūxīn]
→ →
추 신

(형) 소홀하다, 세심하지 못하다

추신수가 공을 **세심하게** 보지 **못하고** 헛스윙을 했다.

你平时很粗心, 去中国的时候记得不要把东西落下。
Nǐ píngshí hěn cūxīn, qù Zhōngguó deshíhòu jìde búyào bǎ dōngxi luòxià.
너 평소에 부주의하니까, 중국 갈 때 물건 잊지 말고 잘 챙겨서 가.

你 (대) 너 / 平时 (명) 평소 / 很 (부) 매우 / 去 (동) 가다 / 中国 (명) 중국 / 的时候 ~때 / 记得
(동) 기억하고 있다 / 不要 (부) ~하지 마라 / 把 ~을 / 东西 (명) 물건 / 落下 (동) 떨어지다

大

[dà]
↘
따

혱 크다

뉴턴이 실험을 위해 엄청 **큰** 사과를 나무에서 **따**고 있다.

非常**大**。
Fēicháng dà.
엄청 커요.

非常 튀 대단히

带

[dài]
↘
따이

동 (몸에) 지니다, 휴대하다

중국 보따리상 **따이**궁들은 큰 가방을 **지니고** 다닌다.

东西太多了, 我**带**不了去中国。
Dōngxi tài duō le, wǒ dàibùliǎo qù Zhōngguó.
물건이 너무 많아서 중국에 다 지니고 갈 수 없어.

东西 명 물건 / 太…了 매우 ~하다 / 多 혱 많다 / 我 떼 나 / 不了 ~할 수 없다 / 去 동 가다 / 中国 명 중국

耽误

[dānwu]
→
딴 우

동 그르치다, 지체하다

"왜 이리 **다누**(달아)?"라며 사과를 계속 먹느라 **지체했다**.

不要**耽误**时间, 我们先走吧。
Búyào dānwu shíjiān, wǒmen xiān zǒu ba.
시간 지체하지 말고 우리 먼저 가요.

不要 뷔 ~하지 마라 / 时间 명 시간 / 我们 떼 우리 / 先 튀 먼저 / 走 동 가다 / 吧 문장의 끝에 쓰여 제의·청구·명령·독촉을 나타냄

担心

[dānxīn]
→ →
딴 신

동 걱정하다

여친이 군대 간 사이 **딴 신**으로 갈아 신을까 **걱정이야**.

你不用**担心**!
Nǐ búyòng dānxīn!
걱정할 필요 없어!

你 떼 너 / 不用 동 ~할 필요가 없다

HSK5

到达

드디어 부산 도착! 다 와따(왔다)!

[dàodá]

↘ ↗

따오 따

[동] 도착하다, 이르다

从深圳到釜山三个半小时才能到达。

Cóng shēnzhèn dào fǔshān sāngebànxiǎoshí cái néng dàodá.

선전에서 부산까지 3시간 반이나 걸린다.

从 ~에서부터 / 深圳 [명] 선전(심천) / 到 ~까지 / 釜山 [명] 부산 / 三个半小时 3시간 반 / 才 [부] ~에야 비로소 / 能 [동] ~할 수 있다

HSK4

打折

가격이 비싸다고 자꾸 따져 주인이 조금 깎아줬다.

[dǎzhé]

∨ ↗

따 져

[동] (상품의 가격을) 깎다

今天商品全部打5折。

Jīntiān shāngpǐn quánbù dǎ wǔ zhé.

오늘 상품들은 모두 50% 할인한다.

今天 [명] 오늘 / 商品 [명] 상품 / 全部 [부] 전부

원준쌤의 중국어 팁! – 아주 살짝 헷갈리는 중국의 할인 표현 방식!

중국에서도 '打折(세일 중)'이라는 문구를 자주 접합니다. 그럼 세일 50%, 90% DC 등 이런 것은 중국어로 어떻게 표현할까요? 50% 세일은 打折 사이에 숫자 5만 붙여 打5折[dǎwǔzhé 따 우 져]라고 표현합니다. 그런데 60%는 打6折가 아니라 打4折입니다. 헷갈리죠? 헷갈리지 않는 방법이 있습니다! 우리나라 세일 숫자에서 10으로 나눈 다음 중국어 세일 숫자랑 합쳐 10을 만드는 것입니다. 예를 들어 90% 세일은 90을 10으로 나눈 9에서 1을 더해야 10이 되므로 打1折이라 합니다. 80% 세일은 8에서 2를 더해야 10이 되니 打2折, 30% 세일은 打7折이죠. 그럼 한 단계 더 업그레이드해서 35% 세일은 어떻게 표현할까요? 정답은 打6.5折입니다. 35에서 10으로 나누면 3.5가 되니 더해서 10을 만들기 위해선 6.5가 필요하겠죠? 이상으로 쉽고 빠르게 생각할 수 있는 세일 기억법이었습니다!

HSK4

掉

뒤에 아오~ 또 떨어뜨렸네! 이러다 지갑 잃어버리겠다.

[diào]

↘

띠아오

[동] 떨어지다, 떨어뜨리다

师傅, 您的钱包掉在地上了。

Shīfu, nín de qiánbāo diào zài dìshàng le.

저기요, 선생님. 지갑이 땅에 떨어졌어요.

师傅 [명] 일에 숙달된 사람 혹은 상대방을 부를 때 경칭 / 您 [대] 당신, 귀하(你를 높여 부르는 말) / 的 [조] ~의 / 钱包 [명] 지갑 / 在 ~에 / 地上 [명] 지상 / 了 동사나 형용사 뒤에 쓰여 동작 또는 변화가 완료되었음을 나타냄

03
D a y

HSK4

丢

[diū]
→
띠오우

(동) 잃다, 버리다

영화 〈디워〉를 본 사람들이 돈만 <u>버렸다</u>며 혹평을 했다.

我把护照丢在哪里?
Wǒ bǎ hùzhào diū zài nǎlǐ?
내가 여권을 어디서 잃어버렸지?

我 (대) 나 / 把 ~을 / 护照 (명) 여권 / 在 ~에서 / 哪里 (대) 어디

HSK5

冻

[dòng]
↘
똥

(동) 얼다

추운 겨울 강원도 산골에서 똥 싸면 <u>얼어붙어요</u>.

北京的冬天太冷, 冻得发抖。
Běijīng de dōngtiān tài lěng, dòng de fādǒu.
베이징은 겨울에 엄청 추워서 벌벌 떨어.

北京 (명) 베이징 / 的 (조) ~의 / 冬天 (명) 겨울 / 太 (부) 매우 / 冷 (형) 춥다 / 得 (조) 동사나 형용사의 뒤에 쓰여 결과나 정도를 표시하는 보어를 연결 / 发抖 (동) 떨다

HSK3

短

[duǎn]
∨
뚜안

(형) 짧다

양쪽 귀보다는 두 안구 사이 거리가 더 <u>짧다</u>.

这条紫色的裙子太短了。
Zhè tiáo zǐsè de qúnzi tài duǎn le.
이 자주색 치마는 너무 짧아요.

这 (대) 이 / 条 (양) 바지, 치마 등을 셀 때 쓰는 양사 / 紫色 (명) 자주색 / 的 (조) ~의 / 裙子 (명) 치마 / 太…了 너무 ~하다

HSK5

度过

대상을 누가 받을지 대망의 발표 시간 두궈두궈~ 긴장하며 시간을 보낸다.

[dùguò]

↘ ↘

뚜 꾸오

[동] 보내다, 지내다

你最近怎么度过呢?

Nǐ zuìjìn zěnme dùguò ne?

요즘 어떻게 지냈어요?

你 [대] 너 / 最近 [명] 최근 / 怎么 [대] 어떻게 / 呢 의문을 나타냄

HSK5

兑换

뒤에 환자분! 카드 안 받으니 현금으로 바꿔 오세요.

[duìhuàn]

↘ ↘

뚜에이 후안

[동] 환전하다, 현금으로 바꾸다

你能不能把韩币兑换成人民币。

Nǐ néngbùnéng bǎ hánbì duìhuàn chéng rénmínbì.

혹시 한국 돈을 중국 돈으로 바꿔줄 수 있어요?

你 [대] 너 / 能不能 할 수 있는지 없는지 / 把 ~를 / 韩币 [명] 한국 돈 / 成 [동] ~로 되다 / 人民币 [명] 중국 돈(RMB)

HSK4

对面

두 에이미 앤(애인)끼리 서로 얼굴을 마주보며 인사한다.

[duìmiàn]

↘ ↘

뚜에이 미앤

[동] 얼굴을 마주 보다 [명] 반대편

那里对面有一家便利店。

Nàli duìmiàn yǒu yì jiā biànlìdiàn.

저기 맞은편에 편의점이 하나 있어요.

那里 [대] 저기 / 有 [동] 있다 / 一 하나 / 家 [양] 집 단위 세는 양사 / 便利店 [명] 편의점

HSK5

独立

두리(둘이) 살다가 헤어져 독립하다.

[dúlì]

↗ ↘

두 리

[동] 홀로 서다, 독립하다

我喜欢跟家人住在一起的, 独立生活很孤单。

Wǒ xǐhuan gēn jiārén zhùzài yìqǐ de, dúlì shēnghuó hěn gūdān.

난 가족들이랑 같이 사는 게 좋아, 자취 생활은 너무 외로워.

我 [대] 나 / 喜欢 [동] 좋아한다 / 跟 [접] ~와 / 家人 [명] 가족 / 住在 ~에서 살다 / 一起 [부] 같이 / 的 [조] 명사화시킴 / 生活 [명] 생활 / 很 [부] 너무 / 孤单 [형] 외롭다

HSK1

多

솔로가 늘어서 그런지 듀오에 가입하는 사람이 많다.

[duō]

→

뚜오

[형] 많다

这是多少钱?

Zhè shì duōshǎo qián?

이거 얼마예요?

这 [대] 이것 / 是 [동] ~이다 / 多少 [대] 얼마 / 钱 [명] 돈

HSK5

恶劣

악한 깡패들이 소리친다. "우리는 으어리에(의리에) 죽고 산다!"

[èliè]

↘ ↘

으어 리에

[형] 매우 나쁘다, 악하다

今天深圳的天气很恶劣。

Jīntiān shēnzhèn de tiānqì hěn èliè.

오늘 선전 날씨가 너무 안 좋아.

今天 [명] 오늘 / 深圳 [명] 선전 / 的 [조] ~의 / 天气 [명] 날씨 / 很 [부] 매우

HSK4

付款

만화 〈두치와 뿌꾸〉에서 눈 나쁜 뿌꾸 안경을 맞추려고 주인 두치가 계산하다.

[fùkuǎn]

↘ V

푸◇ 쿠안

[동] 돈을 지불하다, 계산하다

我用信用卡付了款。

Wǒ yòng xìnyòngkǎ fù le kuǎn.

나는 신용카드로 돈을 지불했다.

我 [대] 나 / 用 [동] 사용하다 / 信用卡 [명] 신용카드 / 了 동사나 형용사 뒤에 쓰여 동작 또는 변화가 완료되었음을 나타냄

HSK4
赶

[gǎn]
∨
간

(동) 뒤쫓다, 서두르다

술래가 "이제 잡으러 간다!" 하며 애들을 <u>뒤쫓아간다</u>.

你明天不要赶不上飞机!
Nǐ míngtiān búyào gǎnbushàng fēijī!
내일 비행기 놓치지 마!

你 (대) 너 / 明天 (명) 내일 / 不要 (부) ~하지 마라 / 赶不上 따라가지 못하다 / 飞机 (명) 비행기

HSK4
敢

[gǎn]
∨
간

(형) 용기가 있다, 용감하다

"간도 큰 녀석" 하며 <u>용기 있는</u> 모습에 감탄하다.

我什么事都敢干。
Wǒ shénme shì dōu gǎngàn.
나는 무슨 일이든 할 용기가 있어.

我 (대) 나 / 什么 (대) 무슨 / 事 (명) 일 / 都 (부) 모두 / 敢干 (동) 과감하게 행동하다

HSK4
感动

[gǎndòng]
∨ ↘
간 똥

(동) 감동하다

심장과 간이 동(움직일)할 정도로 <u>감동</u>을 받았다.

你给我礼物, 我非常感动。
Nǐ gěi wǒ lǐwù, wǒ fēicháng gǎndòng.
네가 선물 줘서, 나 너무 감동받았어.

你 (대) 너 / 给 (동) 주다 / 我 (대) 나 / 礼物 (명) 선물 / 非常 (부) 매우

感觉

[gǎnjué]

∨ ↗

간 쮀에

(동) 느끼다

도시 생활에 적응을 못해 시골로 돌아**간** 시골 **쮀**에게 도시 쥐가 연민을 **느끼다**.

天气变暖了, 我感觉**有点热。**

Tiānqì biàn nuǎn le, wǒ gǎnjué yǒudiǎn rè.

날씨가 따뜻해졌는지 좀 더운 것 같아.

天气 (명) 날씨 / 变 (동) 변하다 / 暖 (형) 따뜻하다 / 了 동사나 형용사 뒤에 쓰여 동작 또는 변화가 완료되었음을 나타냄 / 我 (대) 나 / 有点 (부) 약간 / 热 (형) 덥다

给

[gěi]

∨

게이

(동) 주다

분노 **게이**지가 올라간 동생을 달래 **주다**.

给**我打电话吧。**

Gěi wǒ dǎdiànhuà ba.

전화해주세요.

我 (대) 나 / 打电话 (동) 전화를 걸다 / 吧 문장 끝에 쓰여 제의·명령·독촉을 나타냄

购物

[gòuwù]

↘ ↘

꼬우 우

(동) 구매하다

물건 **구매하러** 상점으로 **고우**(go)!

我们常去香港购物。

Wǒmen cháng qù Xiānggǎng gòuwù.

우리는 자주 홍콩에 가서 쇼핑한다.

我们 (대) 우리 / 常 (부) 자주 / 去 (동) 가다 / 香港 (명) 홍콩

刮风

[guāfēng]

→ →

꾸아 펑◇

(동) 바람이 불다

갑자기 **바람이 불어** 고기를 **꾸아**(구워) 먹다 부탄가스가 펑! 터졌다.

这是不是刮风**的声音?**

Zhè shìbushì guāfēng de shēngyīn?

이거 바람 부는 소리 아니야?

这 (대) 이것 / 是不是 그렇지 않으냐? / 的 (조) ~의 / 声音 (명) 소리

HSK4

广播

[guǎngbō]
∨ →
구앙 뽀어

[동] 방송하다

매년 8월 15일에 광복절 기념 방송을 한다.

大韩航空广播了关于乘客退票的办法。
Dàhánhángkōng guǎngbō le guānyú chéngkè tuìpiào de bànfǎ.
대한항공에서 승객들이 표를 환불하는 방법에 관해 방송했다.
大韩航空 대한항공 / 了 동사나 형용사 뒤에 쓰여 동작 또는 변화가 완료되었음을 나타냄 / 关于 ~에 관하여 / 乘客 [명] 승객 / 退票 [동] 표를 환불하다 / 的 [조] ~의 / 办法 [명] 방법

HSK1

贵

[guì]
↘
꾸에이

[형] 비싸다

불났는데 비싼 물건이 중요하냐? 빨리 사람부터 구해이!

这个是很贵的。
Zhège shì hěn guì de.
이건 비싼 거예요.
这个 [대] 이것 / 是 [동] ~이다 / 很 [부] 매우 / 的 [조] 명사화시킴

HSK3

害怕

[hàipà]
↘ ↘
하이 파

[동] 두려워하다, 무서워하다

하이파이브를 하며 용기를 북돋았지만 다들 두려워했다.

我有点害怕一个人去中国。
Wǒ yǒudiǎn hàipà yígèrén qù Zhōngguó.
나는 홀로 중국 가는 게 약간 두렵다.
我 [대] 나 / 有点 [부] 약간 / 一个人 한 사람 / 去 [동] 가다 / 中国 [명] 중국

05
Day

HSK2

黑

헤이(Hey)! 하늘에 검은 먹구름이 끼었으니 우산 챙겨.

[hēi]
→
헤이

[형] 검다, 어둡다

这里太黑了。快开灯!
Zhèlǐ tài hēi le. Kuài kāidēng!
여기 너무 어두워. 빨리 불 켜!
这里 [대] 여기 / 太…了 너무 ~하다 / 快 [부] 빨리 / 开灯 전등을 켜다

HSK4

合适

참새를 쫓을 때 적합한 도구는 허수아비지!

[héshì]
↗ ↘
흐어 스△

[형] 적합하다, 알맞다

这种裤子50000韩币一条, 你看合适吗?
Zhèzhǒng kùzi wǔwàn hánbì yì tiáo, nǐ kàn héshì ma?
이런 바지가 한 벌에 5만 원이라니, 네가 보기엔 적당해?
这种 [대] 이런 종류 / 裤子 [명] 바지 / 韩币 [명] 한국 돈 / 一 하나 / 条 [양] 가늘고 긴 물건을 셀 때 쓰는 양사 / 你 [대] 너 / 看 [동] 보다 / 吗 의문을 나타냄

원준쌤의 중국어 팁! – 合适과 适合 10초 구분법!

위 合适와 뜻이 동일한 适合[shìhé 스 흐어]라는 단어가 있습니다(Day 9 참고). 合适과 适合, 앞뒤로 순서만 바뀌어서 너무 헷갈리죠? 문법적으로 찾아보면 适合는 동사이며 뒤에 목적어를 가질 수 있고 문어와 구어에 모두 사용할 수 있습니다. 合适는 형용사이며 목적어를 가질 수 없고 일반적으로 구어에 사용합니다. 다소 복잡한 이 내용은 나중에 문법 공부할 때 더 상세히 파고들기로 하고 중국인과의 소통이 중요한 우리는 이것만 기억해둡시다! '适合' 뒤에는 '我[wǒ 워]' 나, '你[nǐ 니]' 너와 같은 대명사 또는 명사가 올 수가 있으나 '合适' 뒤에는 대명사든 명사든 아무것도 올 수 없다는 정도로만 알아두세요.

HSK2

红

[hóng]

↗
홍

[형] 빨갛다

할머니는 빨간 홍시를 좋아해.

我的脸红起来了。
Wǒ de liǎn hóng qǐlái le.
내 얼굴이 빨개졌다.
我 [대] 나 / 的 [조] ~의 / 脸 [명] 얼굴 / 起来 동사나 형용사 뒤에서 동작이나 상황이 시작되고 또한 계속됨을 나타냄 / 了 동사나 형용사 뒤에 쓰여 동작 또는 변화가 완료되었음을 나타냄

HSK4

厚

[hòu]

↘
호우

[형] 두껍다

호우로 책이 물에 젖어 두꺼워졌다.

我买了几件时髦的厚衣服。
Wǒ mǎi le jǐ jiàn shímáo de hòu yīfu.
나는 유행하는 몇 벌의 두꺼운 옷을 샀다.
我 [대] 나 / 买 [동] 사다 / 了 동사나 형용사 뒤에 쓰여 동작 또는 변화가 완료되었음을 나타냄 / 几 몇 / 件 [양] 옷을 셀 때 쓰는 양사 / 时髦 [형] 유행이다 / 的 [조] ~의 / 衣服 [명] 옷

HSK3

换

[huàn]

↘
후안

[동] 교환하다, 바꾸다

자꾸 고장 나서 환장하겠네. 새 걸로 교환해주세요!

她把韩币换成人民币了。
Tā bǎ hánbì huànchéng rénmínbì le.
걔는 한국 돈을 RMB(중국 돈)로 바꾸었어.
她 [대] 그녀 / 把 ~를 / 韩币 [명] 한국 돈 / 换成 [동] ~으로 바꾸다 / 人民币 [명] 중국 돈 / 了 어떤 상황이 이미 출현했음을 나타냄

HSK1

回

[huí]

↗
후에이

[동] 돌아가다(오다)

야구 경기를 보는데 우리 편이 질 것 같자 "휴~ 에이! 안 봐"라며 다들 돌아갔다.

他回家了。
Tā huí jiā le.
걔 집에 갔어.
他 [대] 그 / 家 [명] 집 / 了 어떤 상황이 이미 출현했음을 나타냄

假

[jiǎ]
∨
지아

(형) 가짜의

조**지아** 커피를 달라니까 **가짜** 커피를 줬어.

他说的话都是假的。
Tā shuō de huà dōu shì jiǎde.
그가 한 말은 전부 거짓이다.
他 (때) 그 / 说 (통) 말하다 / 的 (조) ~의 / 话 (명) 말 / 都 (부) 전부 / 是 (통) ~이다 / 假的 (명) 가짜

坚持

[jiānchí]
→ ↗
지앤 츠△

(통) 지속하다, 끝까지 버티다

앤츠(개미)들은 **지**들 **앤츠**끼리 협력하여 **지속적**으로 일한다.

坚持下去!
Jiānchí xiàqù!
꾸준히 해(참고 버텨라)!
下去 동사 뒤에 쓰여서 미래까지 상황이 계속 이어짐을 나타냄

降低

[jiàngdī]
↘ →
지앙 띠

(통) 떨어지다, 줄어들다

매출이 **떨어질** 걱정에 "**지는 안디**요(안 돼요)"라며 일을 거부했다.

我降低了我的要求。
Wǒ jiàngdī le wǒ de yāoqiú
나는 내 요구 사항을 좀 낮췄다.
我 (때) 나 / 了 동사나 형용사 뒤에 쓰여 동작 또는 변화가 완료되었음을 나타냄 / 的 (조) ~의 / 要求 (명) 요구

降落

[jiàngluò]
↘ ↘
지앙 루오

(통) 떨어지다, 하강하다

"**지**(자기)는 마렵다면서 왜 **안 누오**?" 푸세식 똥통에 **떨어질까 봐** 무서워 똥을 참다.

到深圳的时, 雨降落下来了。
Dào shēnzhèn deshí, yǔ jiàngluò xiàlái le.
선전에 도착했을 때 비가 내렸다.
到 (통) 도착하다 / 深圳 (명) 선전 / 的时 때 / 雨 (명) 비 / 下来 높은 곳에서 낮은 곳으로 향함 / 了 변화 또는 새로운 상황의 출현을 표시함

紧张

[jǐnzhāng]
∨ →
진 쟝

형 긴장해 있다

너도 시합 전에는 **긴장**된다고? **진짱**(진짜)?

他显得很紧张。
Tā xiǎnde hěn jǐnzhāng.
걔 엄청 긴장한 것 같아.
他 때 그 / 显得 통 ~처럼 보이다 / 很 분 매우

禁止

[jìnzhǐ]
↘ ∨
찐 즈△

동 금지하다

진즉에 마스크를 구입했어야지. 지금은 사재기 **금지**야.

这个场所禁止吸烟。
Zhège chǎngsuǒ jìnzhǐ xīyān.
이 장소는 흡연을 금지한다.
这个 때 여기 / 场所 명 장소 / 吸烟 통 담배를 피우다

旧

[jiù]
↘
지오우

형 옛날의, 낡다

옛날의 내 흑역사는 머릿속에서 제발 다 **지워우**~

这里的东西都很旧。
Zhèlǐ de dōngxi dōu hěn jiù.
이곳 물건들은 전부 매우 낡았다.
这里 때 여기 / 的 조 ~의 / 东西 명 물건 / 都 분 모두 / 很 분 매우

渴

[kě]
∨
크어

휑 목마르다

사막 여행 중 **목말라** "크어억~" 하며 쓰러졌다.

你渴了就喝点水吧。
Nǐ kě le jiù hē diǎn shuǐ ba.
목이 마르면 물을 좀 마셔라.

你 떼 너 / 了 동사나 형용사 뒤에 쓰여 동작 또는 변화가 완료되었음을 나타냄 / 就 튀 바로 / 喝 됭 마시다 / 点 얭 약간 / 水 똉 물 / 吧 문장의 끝에 쓰여 제의·명령·독촉을 나타냄

可惜

[kěxī]
∨ →
크어 시

휑 아쉽다, 아깝다

정답을 못 맞히자 "**그것이** 아닌데…" 하며 **아쉬워했다**.

今天我很可惜没看他。
Jīntiān wǒ hěn kěxī méi kàn tā.
오늘 나는 그를 보지 못해서 너무 아쉽다.

今天 똉 오늘 / 我 떼 나 / 很 튀 매우 / 没 이미 발생한 상태·상황의 부정을 표시 / 看 됭 보다 / 他 떼 그

恐怕

[kǒngpà]
∨ ↘
콩 파

됭 두려워하다 튀 아마 ~일 것
이다

배가 살짝 아픈 게 **콩팥**에 문제가 있을까 봐 **두렵다**.

这个礼物恐怕不合她的合意。
Zhège lǐwù kǒngpà bùhé tā de héyì.
이 선물은 아마 걔 마음에 들지 않을 거야.

这个 떼 너 이것 / 礼物 똉 선물 / 不合 됭 맞지 않다 / 她 떼 그녀 / 的 좆 ~의 / 合意 됭 마음에 들다

哭

[kū]
→
쿠

됭 울다

새벽 배송이 너무 힘들어 **쿠팡맨들이 울음**을 터뜨리다.

你为什么哭呢?
Nǐ wèishénme kū ne?
너 왜 울어?

你 떼 너 / 为什么 떼 왜 / 呢 의문문의 끝에 써서 의문을 나타냄

HSK4
来不及

[láibují]

↗ ↗
라이 부 지

(동) (시간이 촉박하여) ~할 시간
이 없다, 겨를이 없다

공연은 뭐니 뭐니해도 **라이브지**만 보러 갈 **시간이 없다**.

我来不及办理手续。

Wǒ láibují bànlǐ shǒuxù.

나는 수속을 처리할 시간이 없다.

我 ⓓ 나 / 办理 ⓥ 처리하다 / 手续 ⓝ 수속

HSK4
来得及

[láidejí]

↗ ↗
라이 드어 지

(동) (시간에) 늦지 않다, 이를 수
있다

늦지 않게 음식 배달을 하는 내가 진정한 **라이더지**!

现在去机场还来得及。

Xiànzài qù jīchǎng hái láidejí.

지금 공항에 가도 아직 늦지 않아.

现在 ⓝ 지금 / 去 ⓥ 가다 / 机场 ⓝ 공항 / 还 ⓟ 아직

HSK1
来

[lái]

↗
라이

(동) 오다

다시 **온다**던 그녀는 연락 두절. 모든 게 **라이**(거짓말)였어!

你从哪里来呢?

Nǐ cóng nǎlǐ lái ne?

너 어디에서 왔어?

你 ⓓ 너 / 从 ~부터 / 哪里 ⓓ 어디서 / 呢 의문문의 끝에 써서 의문을 나타냄

07
D a y

HSK3

蓝

[lán]
↗
란

웹 파란색의

신기하게도 **파란색의** 꽃이 핀 군자**란**.

天空真蓝。
Tiānkōng zhēn lán.
하늘이 정말 파랗다.
天空 웹 하늘 / 真 위 정말

HSK1

冷

[lěng]
∨
렁

웹 춥다

렁(능)구렁이 김 일병은 온몸이 너무 **춥다**며 아픈 척했다.

我喜欢热, 不喜欢冷。
Wǒ xǐhuan rè, bù xǐhuan lěng.
난 더운 게 낫지, 추운 게 싫어.
我 떼 나 / 喜欢 용 좋아하다 / 热 웹 덥다 / 不 위 부정을 표시함

HSK4

凉快

[liángkuai]
↗
리앙 쿠아이

웹 시원하다, 더위를 식히다

아이가 더워하면 **니가 안고 아이**를, 그리고 달리면 **더위를 식힐** 수 있어.

今天天气很凉快。
Jīntiān tiānqì hěn liángkuai.
오늘 날씨가 매우 시원하다.
今天 웹 오늘 / 天气 웹 날씨 / 很 위 매우

36

HSK4

联系

[liánxì]

↗ ↘
리앤 시

[동] 연락하다, 연결하다

리모델링한 NC백화점이 언제 오픈하는지 연락했다.

到中国时就给我联系。
Dào Zhōngguó shí jiù gěi wǒ liánxì.
중국 도착하면 연락해.
到 [동] 도착하다 / 中国 [명] 중국 / 时 [명] 때 / 就 [부] 바로 / 给 [동] 주다 / 我 [대] 나

HSK4

流行

[liúxíng]

↗ ↗
리오우 싱

[동] 유행하다

멋쟁이 리우씬(리우씨는) 유행하는 패션을 잘 알아!

这是在中国流行的服装。
Zhè shì zài Zhōngguó liúxíng de fúzhuāng.
이거 중국에서 유행하는 옷이래.
这 [대] 이것 / 是 [동] ~이다 / 在 ~에서 / 中国 [명] 중국 / 的 [조] ~의 / 服装 [명] 복장

HSK3

绿

[lǜ]

↘
뤼

[형] 초록색의, 푸르다

다음 주 금요일은 초록색 가득한 야외 연회장에서 파뤼다!

我买了绿色的帽子。
Wǒ mǎi le lǜsè de màozi.
초록색 모자를 샀다.
我 [대] 나 / 买 [동] 사다 / 了 동사나 형용사 뒤에 쓰여 동작 또는 변화가 완료되었음을 나타냄 / 绿色 [명] 초록색 / 的 [조] ~의 / 帽子 [명] 모자

HSK4

麻烦

[máfan]

↗
마 판◇

[동] 귀찮다, 성가시다

자는 친구의 마빡을 치면서 귀찮게 군다.

麻烦你帮我照顾一下我的行李。
Máfan nǐ bāng wǒ zhàogù yíxià wǒ de xíngli.
번거로우시겠지만 제 짐을 좀 봐주세요.
你 [대] 너 / 帮 [동] 돕다 / 我 [대] 나 / 照顾 [동] 고려하다, 보살펴주다 / 一下 좀 ~하다 / 的 [조] ~의 / 行李 [명] 여행 짐, 수화물

卖

[mài]

↘

마이

(동) 팔다

마이(재킷) 한 벌 싸게 <u>팔아요</u>~

怎么卖?
Zěnme mài?
어떻게 팔아요(얼마예요)?
怎么 (대) 어떻게

원준쌤의 중국어 팁! - 아줌마 이거 얼마예요?

대개 중국어 회화책에는 물건 살 때 얼마냐고 물어볼 때 多少钱?[duōshao qián 뚜오 샤오 치앤]이라고 나와 있어요.
하지만 중국 사람들은 시장에서 怎么卖?[zěnme mài 전므어 마이]라는 말도 많이 사용해요. 직역을 하자면 '어떻게 팔
아요?'라는 의미인데, 이것 또한 얼마냐고 물어볼 때 쓸 수 있는 말이에요. '多少钱?' 말고 '怎么卖?'도 한번 써보자고
요!

买

[mǎi]

∨

마이

(동) 사다

오~ 이 **마이**(재킷) 멋진데. 한 벌 <u>사야겠어</u>!

我买了一件夹克。
Wǒ mǎi le yí jiàn jiākè.
재킷 한 벌 샀어요.
我 (대) 나 / 了 동사나 형용사 뒤에 쓰여 동작 또는 변화가 완료되었음을 나타냄 / 一 하
나 / 件 (양) 옷을 셀 때 쓰는 양사 / 夹克 (명) 재킷

没有

[méiyǒu]

↗   ∨

메이 요우

(동) 없다(존재, 소유)

결혼하면 내 시간이 <u>없고</u> 삶이 얽<u>매이요우</u>(얽매여요).

没有, 不好意思。
Méiyǒu, bùhǎoyìsi.
없어요, 미안해요.
不好意思 죄송하다

HSK4

免费

[miǎnfèi]

∨ ↘
미앤 페이◇

(동) 공짜로 하다

뷔페 주인 딸 **미앤**(미애는) **페이**(Pay)를 안 내고 **공짜**로 먹는다.

这件衣服不用付钱, 就是免费。
Zhè jiàn yīfu búyòng fùqián, jiùshì miǎnfèi.
이 옷은 돈 낼 필요 없어, 그냥 공짜래.

这 (대) 이 / 件 (양) 옷을 셀 때 쓰는 양사 / 衣服 (명) 옷 / 不用 (동) ~할 필요가 없다 / 付钱 (동) 지불하다 / 就是 바로 ~이다

HSK3

拿

[ná]

↗
나

(동) 잡다, 쥐다

TV 프로그램 〈**나**는 가수다〉 출연자들은 마이크를 꽉 **쥐고** 노래한다.

这个行李很重, 我来拿吧。
Zhège xíngli hěn zhòng, wǒlái ná ba.
이 캐리어 엄청 무거워요, 제가 들게요.

这个 (대) 이것 / 行李 (명) 캐리어 / 很 (부) 매우 / 重 (형) 무겁다 / 我来吧 제가 할게요

HSK4

暖和

[nuǎnhuo]

∨
누안 후오

(형) 따뜻하다

추운 날은 몸이 **따뜻해지게** 난 훠궈를 먹고 싶어.

中国怎么这么暖和。
Zhōngguó zěnme zhème nuǎnhuo.
중국은 어찌 이렇게도 따뜻하지.

中国 (명) 중국 / 怎么 (대) 어떻게 / 这么 (대) 이렇게

HSK4

排队

줄을 서 먹는 빵집이라더니 맛없어. 파이두 에이, 별로네!

[páiduì]

↗ ↘
파이 뚜에이

[동] 줄을 서다, 정렬하다

乘客正排队买票。
Chéngkè zhèng páiduì mǎi piào.
승객들이 한창 줄을 서서 표를 사고 있다.
乘客 [명] 승객 / 正 지금 ~하고 있는 중이다 / 买 [동] 사다 / 票 [명] 표

HSK4

排列

파리에는 관광객들을 태우려고 쭉 정렬된 택시가 많다.

[páiliè]

↗ ↘
파이 리에

[동] 배열하다, 정렬하다

这些东西是按照大小顺序排列的。
Zhèxiē dōngxi shì ànzhào dàxiǎo shùnxù páiliè de.
이 물건들은 크기 순서에 따라 배열한 것이다.
这些 [대] 이들 / 东西 [명] 물건 / 是 [동] ~이다 / 按照 ~에 따라 / 大小 [명] 크기 / 顺序 [명] 순서 / 的 [조] 명사화시킴

HSK1

便宜

싸다고 난 물건을 막 샀는데 넌 중국 가서 바가지 피했니?

[piányi]

↗
피앤 이

[형] 싸다

便宜一点吧。
Piányi yìdiǎn ba.
좀 싸게 해주세요(좀 깎아주세요).
一点 약간, 조금 / 吧 문장의 끝에 쓰여 제의·명령·독촉을 나타냄

HSK4

签证

치! 앤(중국) 정이 없어! 비자 좀 쉽게 내주면 좋잖아.

[qiānzhèng]

→ ↘
치앤 쩡

[동] (여권을 서명하여) 출입국을 허가하다 [명] 비자

目前最难签证的国家是英国和美国。
Mùqián zuì nán qiānzhèng de guójiā shì Yīngguó hé Měiguó.
현재 입국 허가가 가장 어려운 나라는 영국과 미국이야.
目前 [명] 현재 / 最 [부] 가장 / 难 [형] 어렵다 / 的 [조] ~의 / 国家 [명] 국가 / 是 [동] ~이다 / 英国 [명] 영국 / 和 [접] ~와 / 美国 [명] 미국

晴

[qíng]
↗
칭

혱 맑다

쾌지나 **칭칭** 나네~ <u>맑은</u> 날 야외에서 사물놀이를 하다.

天气已经晴了。
Tiānqì yǐjīng qíng le.
날씨가 이미 개었다.

天气 혱 날씨 / 已经 ㈜ 이미 / 了 문장의 끝에 쓰여서 변화 또는 새로운 상황의 출현을
표시함

请

[qǐng]
∨
칭

통 권유하다, 부탁하다 (어떤
일을 부탁하거나 권할 때 쓰는
경어)

목도리를 **칭칭** 감고 떨면서 따뜻한 물 한 잔 <u>부탁했다</u>.

请问。
Qǐng wèn.
말씀 좀 묻겠습니다.

请 통 묻다

去

[qù]
↘
취

통 가다

취권을 배우려면 무술의 달인 성룡에게 <u>가야지</u>!

你什么时候去中国?
Nǐ shénmeshíhou qù Zhōngguó?
너 언제 중국에 가?

你 ㈛ 너 / 什么时候 언제 / 中国 몡 중국

09
Day

HSK4

取

[qǔ]
∨
취

[동] 가지다, 찾다

비틀비틀 취권을 펼치며 술병을 찾다.

一个小时后来取你的东西。
Yígèxiǎoshí hòu, lái qǔ nǐ de dōngxi.
1시간 뒤에 오셔서 물건 찾아가세요.
一个小时 1시간 / 后 [명] 뒤 / 来 [동] 오다 / 你 [대] 너 / 的 [조] ~의 / 东西 [명] 물건

HSK4

缺少

[quēshǎo]
→ ∨
취에 샤오

[동] 모자라다, 부족하다

"술이 모자라잖아!" 저 녀석 완전 취해싸(취했어) 으~

我缺少生活必需品。
Wǒ quēshǎo shēnghuó bìxūpǐn.
나는 생활필수품이 부족하다.
我 [대] 나 / 生活 [명] 생활 / 必需品 [명] 필수품

HSK1

热

[rè]
↘
르어△

[형] 덥다

야 너! 날씨도 더운데 붙지 말고 저리 좀 가!

天气又热上了。
Tiānqì yòu rè shàng le.
날씨가 다시 더워졌다.
天气 [명] 날씨 / 又 [부] 또 / 上 [동] 이르다 / 了 동사나 형용사 뒤에 쓰여 동작 또는 변화가 완료되었음을 나타냄

HSK4

入口

귀신의 집에 이제 막 들어왔는데 벌써부터 누가 우니?

[rùkǒu]

↘ ∨

루△ 코우

[동] 들어오다, 수입하다 [명] 입구

机场的入口有几辆车。

Jīchǎng de rùkǒu yǒu jǐ liàng chē.

공항 입구에 몇 대의 차들이 있다.

机场 [명] 공항 / 的 [조] ~의 / 有 [동] 있다 / 几 몇 / 辆 [양] 차량을 셀 때 쓰는 양사 / 车 [명] 차

원준쌤의 중국어 팁! – '오'와 '어'의 한끗 차이

口[kǒu]를 발음할 때 '코우'라고 하지 않고 '커우'라고 하는 게 좋습니다. 병음 'ou'가 '오우'로 발음될 것처럼 보이지만 우리말로 굳이 표현하자면 '어우'입니다. 예를 들어 '걷다'라는 의미의 '走[zǒu 조우]'는 '저우'라고 하는 게 정확합니다. (사실 이 부분은 중국어 발음을 한국어로 굳이 표현해서 나타내는 부분이라 여러 서적이나 자료를 봐도 쓰는 사람에 따라 차이가 있습니다.) 중국인과 대화해보면 '오우'라고 발음해도 중국인이 알아들을 뿐 아니라 소통하는 데는 전혀 문제가 없습니다. 하지만 아주 미묘한 차이를 따져서 더 정확한 발음으로 한다면 '어우'라고 한다는 점 알아두기 바랍니다.

HSK4

伤心

삭신이 쑤시다며 하루하루 늙어가는 모습에 상심한 아저씨

[shāngxīn]

→ →

샹 신

[동] 상심하다

不要为这事伤心。

Búyào wèi zhè shì shāngxīn.

이 일로 너무 마음 아파하지 마.

不要 [부] ~하지 마라 / 为 ~에 대해서 / 这 [대] 이 / 事 [명] 일

HSK1

少

요즘 목욕탕에 가는 사람은 적고, 다들 집에서 샤워한다.

[shǎo]

∨

샤오

[형] 적다

这么少吗?

Zhème shǎo ma?

이거밖에 안 돼요?

这么 [대] 이렇게 / 吗 의문을 나타냄

HSK4

深

[shēn]
→
션

[형] 깊다, 짙다

봉사 활동으로 유명한 가수 션의 깊고 넓은 아량

我穿的这件衣服的颜色太深。
Wǒ chuān de zhè jiàn yīfu de yánsè tài shēn.
내가 입은 이 옷은 색이 너무 진해.
我 [대] 나 / 穿 [동] 입다 / 的 [조] ~의 / 这 [대] 이 / 件 [양] 옷을 셀 때 쓰는 양사 / 衣服 [명] 옷 / 颜色 [명] 색 / 太 [부] 너무

HSK4

剩

[shèng]
↘
쎵

[동] 남다

흥부 왈 "아이고 성님, 아껴야 남는 것도 많고 잘살죠."

我就剩了一万韩币。
Wǒ jiù shèng le yíwàn hánbì.
만 원밖에 안 남았어.
我 [대] 나 / 就 [부] 강조를 나타냄 / 了 동사나 형용사 뒤에 쓰여 동작 또는 변화가 완료되었음을 나타냄 / 一万 10000 / 韩币 [명] 한국 돈

HSK4

适合

[shìhé]
↘ ↗
스△ 흐어

[동] 적합하다, 알맞다

스읍, 허~ 불닭볶음면은 내 입맛에 아주 알맞아!

这些西服适合他的身材。
Zhèxiē xīfú shìhé tā de shēncái.
이런 양복들은 걔 체형에 맞아.
这些 [대] 이런 것들 / 西服 [명] 양복 / 他 [대] 그 / 的 [조] ~의 / 身材 [명] 체격

HSK4

收入

[shōurù]
→ ↘
쇼우 루△

[동] 받다 [명] 수입, 소득

사람들이 쇼를 보러 우루루 모여들어 극단 수입이 늘었다.

这家星巴克每月收入一千万韩币。
Zhè jiā xīngbākè měiyuè shōurù yìqiān wàn hánbì.
이 스타벅스는 매달 천만 원을 번다.
这 [대] 이 / 家 [양] 집을 셀 때 쓰는 양사 / 星巴克 스타벅스 / 每月 [명] 매월 / 一千 1000 / 万 10000 / 韩币 [명] 한국 돈

10
Day

HSK1
太

[tài]
↘
타이

형 크다 부 아주

이 **타이**는 멋지지만 <u>너무</u> 비싸.

价格太贵了。
Jiàgé tài guì le.
가격이 너무 비싸요.
价格 명 가격 / 贵 형 비싸다 / 太…了 너무 ~하다

HSK4
无

[wú]
↗
우

동 없다, ~이 아니다

'우~' 하는 야유는 '그게 <u>아니다</u>'라는 부정의 의미를 나
타낸다.

因为现在时间太晚了, 无法及时到达机场。
Yīnwèi xiànzài shíjiān tài wǎn le, wúfǎ jíshí dàodá jīchǎng.
시간이 너무 늦어서 제시간에 공항에 도착할 방법이 없어요.
因为 접 ~때문에 / 现在 명 현재 / 时间 명 시간 / 太…了 너무 ~하다 / 晚 형 늦다 / 无
法 동 방법이 없다 / 及时 부 제때에 / 到达 동 도착하다 / 机场 명 공항

HSK1
想

[xiǎng]
∨
시앙

동 생각하다

문제를 해결하려면 근<u>시안</u>적인 태도보다는 넓게 <u>생각하자</u>.

等一下, 我想一想。
Děngyíxià, wǒ xiǎngyixiǎng.
잠시만, 생각 좀 해볼게.
等一下 잠깐 기다리다 / 我 대 나 / 想一想 좀 생각해보다, 고려하다

小

[xiǎo]

∨

시아오

(형) 작다

우씨~ 아오! 왜 이렇게 크기가 <u>작아</u>.

不行, 太小。
Bùxíng, tài xiǎo.
안 돼요, 너무 작아요.
不行 (형) 안 된다, 적당하지 않다 / 太 (부) 너무

下雨

[xiàyǔ]

↘ ∨

씨아 위

(동) 비가 내리다

대머리 **시아**버지 머리 위로 <u>비가 내리네</u>.

今天下了大雨。
Jīntiān xià le dàyǔ.
오늘 큰비가 내렸다.
今天 (명) 오늘 / 了 동사나 형용사 뒤에 쓰여 동작 또는 변화가 완료되었음을 나타냄 /
大雨 (명) 호우

谢谢

[xièxie]

↘

씨에씨에

(동) 감사하다

친구도 없는데 **씨씨**쎄 하며 같이 놀아준 네가 너무 <u>고마워</u>.

谢谢你。
Xièxie nǐ.
고맙습니다.
你 (대) 너

新

[xīn]

→

신

(형) 새롭다

새 신을 신고 뛰어보자 팔짝~ ♪

这种式样是挺新的。
Zhèzhǒng shìyàng shì tǐng xīn de.
이런 종류의 스타일은 매우 새롭다.
这种 (대) 이런 종류 / 式样 (명) 스타일 / 是 (동) ~이다 / 挺…的 매우 ~하다

HSK3

选择

[xuǎnzé]

∨ ↗

쉬앤 즈어

[동] 선택하다

SES **슈 and 저** 중에 누가 더 좋아요? 한 명만 **선택해요**!

我没有选择的余地。

Wǒ méiyǒu xuǎnzé de yúdì.

나는 선택의 여지가 없다.

我 [대] 나 / 没有 [동] 없다 / 的 [조] ~의 / 余地 [명] 여지

HSK2

阴

[yīn]

→

인

[형] 흐리다

인기 있는 프리미어 리그를 보면 영국 날씨는 늘 **흐리다**.

天气一直很阴。

Tiānqì yìzhí hěn yīn.

날씨가 계속 흐렸다.

天气 [명] 날씨 / 一直 [부] 계속해서 / 很 [부] 매우

HSK4

勇敢

[yǒnggǎn]

∨ ∨

용 깐

[형] 용감하다

공주를 납치한 **용**을 한 방에 **깐 용감한** 왕자

你一个人去中国吗? 你比我勇敢多了。

Nǐ yígèrén qù Zhōngguó ma? Nǐ bǐ wǒ yǒnggǎn duōle.

너 혼자 중국에 가는 거야? 나보다 훨씬 용감하네.

你 [대] 너 / 一个人 한 사람 / 去 [동] 가다 / 中国 [명] 중국 / 吗 의문을 나타냄 / 比 ~보다 / 我 [대] 나 / 多了 매우 많다

HSK4

永远

[yǒngyuǎn]
ˇ ˇ
용 위앤

휑 영원하다

권력자는 **용(왕)**이 되어 **위**에서 **영원히** 군림하려 한다.

我永远不会忘记你。
Wǒ yǒngyuǎn búhuì wàngjì nǐ.
저는 영원히 당신을 잊을 수 없을 겁니다.
我 떼 나 / 不会 ~할 리가 없다 / 忘记 통 잊어버리다 / 你 떼 너

HSK1

有

[yǒu]
ˇ
요우

통 있다 (존재, 소유)

빨간색 볼펜 **있으면** 좀 빌려주세요우~

这里有这种颜色的鞋子吗?
Zhèlǐ yǒu zhèzhǒng yánsè de xiézi ma?
여기 이런 색깔의 신발이 있나요?
这里 떼 여기 / 这种 떼 이런 종류 / 颜色 휑 색깔 / 的 쩌 ~의 / 鞋子 휑 신발 / 吗 의문을 나타냄

HSK3

愿意

[yuànyì]
ˋ ˋ
위앤 이

통 희망하다, 바라다

"우리 아기 **위엔** 이가 났으니 이제 아래도 나야지"라고 **희망하는** 아기 엄마

我愿意你在中国好好生活。
Wǒ yuànyì nǐ zài Zhōngguó hǎohǎo shēnghuó.
중국에서 잘 지내길 바라.
我 떼 나 / 你 떼 너 / 在 ~에서 / 中国 휑 중국 / 好好 튀 잘 / 生活 통 생활하다

HSK3

照顾

"얼른 자~ 오구오구 우리 아기" 어린 자식을 돌보는 엄마

[zhàogù]

↘ ↘

쟈오 꾸

[동] 돌보다, 보살피다

谢谢你的关心照顾。

Xièxie nǐ de guānxīn zhàogù.

당신의 관심과 보살핌에 감사드립니다.

谢谢 [동] 감사하다 / 你 [대] 너 / 的 [조] ~의 / 关心 [명] 관심

HSK4

正好

마침 12시가 되었으니 얼른 점심 메뉴를 정하오!

[zhènghǎo]

↘ V

쪙 하오

[형] 꼭 알맞다 [부] 마침

这件衣服你穿得正好。

Zhè jiàn yīfu nǐ chuān de zhènghǎo.

이 옷을 네가 입으니 꼭 맞네.

这 [대] 이 / 件 [양] 옷을 셀 때 쓰는 양사 / 衣服 [명] 옷 / 你 [대] 너 / 穿 [동] 입다 / 得 [조] 동사나 형용사의 뒤에 쓰여 결과나 정도를 표시하는 보어를 연결

HSK4

支持

쯧쯧, 힘들게 버티더니 결국 병이 났군.

[zhīchí]

→ ↗

즈△ 츠△

[동] 지지하다, 버티다

我总是支持你, 加油!

Wǒ zǒngshì zhīchí nǐ, jiāyóu!

난 항상 널 응원한다, 힘내!

我 [대] 나 / 总是 [부] 항상 / 你 [대] 너 / 加油 [동] 응원하다

HSK4

转

인천 주안역에서 전철을 바꾸어 타다.

[zhuǎn]

V

쥬안

[동] 전환하다, 바꾸다

去机场的话, 你要在下一站转车。

Qù jīchǎng dehuà, nǐ yào zài xiàyízhàn zhuǎnchē.

공항으로 가려면, 다음 역에서 갈아타야 해요.

去 [동] 가다 / 机场 [명] 공항 / 的话 [조] ~하다면 / 你 [대] 너 / 要 [동] ~해야 한다 / 在 ~에서 / 下一站 다음 정류장 / 转车 [동] 갈아타다

HSK2

准备

공연 준비에 다들 바쁜데 농땡이 치는 원준이는 빼!

[zhǔnbèi]

∨ ↘

쥰 뻬이

[동] 준비하다

我要准备去中国了。

Wǒ yào zhǔnbèi qù Zhōngguó le.

중국 갈 준비하러 가야겠다.

我 [대] 나 / 要 [동] ~하려 하다, 해야 한다 / 去 [동] 가다 / 中国 [명] 중국 / 了 문장의 끝에 쓰여서 변화 또는 새로운 상황의 출현을 표시함

HSK3

注意

주이(준이)는 요리를 하다 칼에 베일까 봐 주의하다.

[zhùyì]

↘ ↘

쥬 이

[동] 주의하다

请注意身体。

Qǐng zhùyì shēntǐ.

건강 잘 챙겨.

请 상대방에게 어떤 일을 부탁하거나 권할 때 쓰는 경어 / 身体 [명] 신체

HSK2

走

우연하게도 바닷가를 걷다가 10년 전 첫사랑을 조우했다.

[zǒu]

∨

조우

[동] 걷다

我从地铁站走过来。

Wǒ cóng dìtiězhàn zǒu guòlái.

나 지하철역에서부터 걸어왔어.

我 [대] 나 / 从 ~에서부터 / 地铁站 [명] 지하철역 / 过来 [동] 오다

不怕慢，只怕站。

Bú pà màn, zhǐ pà zhàn.

"느린 것을 두려워하지 말고 멈추는 것을 두려워하라."

尽人事待天命。

Jìn rén shì dài tiān mìng.

"최선을 다한 후 결과를 겸허히 받아들인다."

선전(深圳 Shēnzhèn), 니하오!

나는 광둥(广东 광동)성에 속한 '선전(深圳 심천)'이라는 곳에서 2년간 생활했다. 광동에서 가장 크고 유명한 도시는 2010년 아시안게임도 열렸던 '광저우(广州 광주)'인데, 선전은 그곳에서 차로 약 2시간 정도 떨어져 있다.

광저우와 선전 사이에는 제조업 공장이 많고, 중국의 로컬 모습을 그대로 느낄 수 있는 '둥관(東莞 동완)'이란 중소 도시가 있다. 나는 둥관에서도 6개월 정도 생활했는데 그곳에서는 외국인을 거의 볼 수 없어 토종 중국인들과 부대끼면서 마치 중국인처럼 지냈다.

선전은 홍콩과 인접해 있는 경제특구다. 홍콩과는 지하철로 이동이 가능할 정도로 가깝다. 화웨이 본사도 있을 정도로 대기업이 많고, 외국인의 왕래가 상당히 잦은 지역이다.

선전에서 특이한 점 중 하나는 도시 내에서는 오토바이를 탈 수 없다는 것이다. 안전, 환경 등의 이유로 도시 안에서는 금지한다. 자동차 번호판에도 재밌는 사실을 발견할 수가 있는데, 선전 도시를 다니는 자동차들을 살펴보면 '粤B 12345' 이런 식으로 쓰여 있다. 粤[yuè 위에]는 광둥을 의미하는 글자다. 그리고 뒤에 붙은 알파벳은 광동에서 큰 도시부터 차례대로 부여를 한다고 하는데 '粤A' 하면 '광저우', '粤B' 하면 '선전'을 의미한다. 마치 우리나라가 예전에 서울, 부산과 같이 번호판만 봐도 어느 지역에서 왔다는 것을 알 수 있었듯이, 중국은 아직도 구분 가능하도록 되어 있다.

출퇴근 시간에는 차량 혼잡을 막기 위해 타 지역 차량은 도시 내로 들어올 수 없도록 규제를 하고, 만약 들어올 시 벌금을 부과할 정도로 강력하게 통제를 한다. 이 모습 또한 공산주의 국가에서만 발견할 수 있는 독특한 관리 통제가 아닐까 조심스레 추측해본다.

　粤와 관련하여 하나 더 얘기하자면 광동 음식을 지칭할 때 '广东菜[guǎngdōngcài 구앙동 차이]'(菜 cài는 음식)라고 말하지만 흔히들 '粤菜[yuècài 위에 차이]'라고도 한다는 점 참고하자.

Part 2

유학과 어학연수 때 쓰는
기본 동사·형용사

12 Day

HSK1

爱

[ài]
↘
아이

[동] 사랑하다

아이 참, 나도 사랑해.

我爱你。
Wǒ ài nǐ.
사랑해.
我 [대] 나 / 你 [대] 너

HSK3

矮

[ǎi]
∨
아이

[형] 낮다, 작다

아이들은 일반적으로 어른보다 키가 작다.

我比我爸爸矮。
Wǒ bǐ wǒ bàba ǎi.
나는 아버지보다 작다.
我 [대] 나 / 比 ~보다 / 爸爸 [명] 아빠

HSK3

爱好

[àihào]
↘ ↘
아이 하오

[동] 애호하다, 즐기다

자전거를 즐겨 타던 아이가 넘어졌다. "아이야, 호~ 괜찮니?"

爱好SNS的人越来越多。
àihào SNS de rén yuèláiyuè duō.
SNS를 즐기는 사람들이 갈수록 많아진다.
的 [조] ~의 / 人 [명] 사람 / 越来越 [부] 갈수록 / 多 [형] 많다

安静

[ānjìng]

→ ↘

안 징

형 조용하다

"자네 여기 좀 **앉징**?" <u>조용하게</u> 얘기를 꺼내시는 사장님

请大家安静一下!

Qǐng dàjiā ānjìng yíxià!

여러분들 좀 조용히 해주세요!

请 상대방에게 어떤 일을 부탁하거나 권할 때 쓰는 경어 / 大家 때 모두 / 一下 좀 ~하다

安装

[ānzhuāng]

→ →

안 쥬앙

동 설치하다

기수가 자기가 탈 말 등에 **안장**을 얹히며 <u>설치한다</u>.

我把你的视窗安装好了。

Wǒ bǎ nǐ de shìchuāng ānzhuāng hǎo le.

윈도 설치 다 됐어요.

我 때 나 / 把 ~를 / 你 때 너 / 的 조 ~의 / 视窗 명 윈도(MS 운영체제) / 好 완성되었음을 나타냄 / 了 동사나 형용사 뒤에 쓰여 동작 또는 변화가 완료되었음을 나타냄

熬夜

[áoyè]

↗ ↘

아오 예

동 밤을 새다

"아오~ 얘가 또 **밤새워** 공부했네"라며 걱정하는 엄마

今天我要熬夜学习。

Jīntiān wǒ yào áoyè xuéxí.

오늘 나는 밤을 새워서 공부해야 해요.

今天 명 오늘 / 我 때 나 / 要 동 ~해야 한다 / 学习 동 공부하다

搬

[bān]

→

빤

동 운반하다, 옮기다

무거운 물건을 번쩍 들어 <u>옮기자</u> **빤**히 쳐다보는 사람들

你把那个东西搬过来吧。

Nǐ bǎ nàge dōngxi bān guòlái ba.

네가 그 물건들 옮겨가지고 와.

你 때 너 / 把 ~을 / 那个 때 그 / 东西 명 물건 / 过来 동 오다 / 吧 문장의 끝에 쓰여 제의·청구·명령·독촉을 나타냄

报名

[bàomíng]

↘ ↗

빠오 밍

(동) 신청하다, 등록하다

"오빠 믿고 수강해!" 잘생긴 강사를 앞세워 <u>등록</u>을 유도한다.

你也要报名足球队吗?
Nǐ yě yào bàomíng zúqiúduì ma?
너도 축구팀에 등록할 거야?

你 (대) 너 / 也 (부) 또한 / 要 (동) ~하려고 하다 / 足球队 (명) 축구팀 / 吗 의문을 나타냄

抱歉

[bàoqiàn]

↘ ↘

빠오 치앤

(형) 미안해하다, 죄송스럽게 생각하다

빠워(power) 어찌행~ 마동석이 톡 치고 나서 <u>미안해한다.</u>

真抱歉, 我把你的钥匙弄丢了。
Zhēn bàoqiàn, wǒ bǎ nǐ de yàoshi nòngdiū le.
정말 미안해, 내가 너 열쇠 잃어버렸어.

真 (부) 정말로 / 我 (대) 나 / 把 ~를 / 你 (대) 너 / 的 (조) ~의 / 钥匙 (명) 열쇠 / 弄丢 (동) 잃어버리다 / 了 동사나 형용사 뒤에 쓰여 동작 또는 변화가 완료되었음을 나타냄

원준쌤의 중국어 팁! – 둘 다 미안한 의미의 抱歉과 道歉의 간단한 구분법

抱歉[bàoqiàn 빠오치앤]과 뒤에 나올 道歉[dàoqiàn 따오치앤]은 둘 다 미안하다는 의미인데요(Day 16 참고). 이것도 간단하게 구분만 살짝 해보고 넘어가겠습니다. 抱歉은 내가 미안하다는 감정이 중점이 됩니다. 道歉의 경우에는 미안하다는 행위가 중점이 되는 단어입니다. 이제 두 예문을 다시 보면 바로 이해가 되겠죠?

笨

[bèn]

↘

뻔

(형) 어리석다, 멍청하다

뻔한 거짓말인 줄 모르고 또 넘어가다니 내가 <u>어리석었지.</u>

这你都错了, 笨死了。
Zhè nǐ dōu cuò le, bènsǐle.
너 이거 다 틀렸어, 진짜 멍청해 죽겠네.

这 (대) 이 / 你 (대) 너 / 都 (부) 전부 / 错 (동) 틀리다 / 了 동사나 형용사 뒤에 쓰여 동작 또는 변화가 완료되었음을 나타냄 / 笨死了 진짜 멍청하다

表达

HSK5

[biǎodá]
∨ ↗
비아오 따

동 (생각, 감정을) 표현하다, 드러내다

"오늘도 **비 와따**(비 왔다)" 우울한 자신의 감정을 **표현하다**.

所以你要表达是什么?
Suǒyǐ nǐ yào biǎodá shì shénme?
그래서 표현하고 싶은 게 뭔데요?

所以 접 그래서 / 你 대 너 / 要 동 ~하려고 하다 / 是 동 ~이다 / 什么 대 무슨

表演

HSK4

[biǎoyǎn]
∨ ∨
비아오 얜

동 공연하다, 연출하다

내 **공연** 점수가 B? **아오~** 얜 나보다 못해도 A 맞았는데!

我们班表演很精彩。
Wǒmen bān biǎoyǎn hěn jīngcǎi.
우리 반은 엄청 멋지게 공연했어.

我们 대 우리 / 班 명 반 / 很 부 매우 / 精彩 형 훌륭하다

避免

HSK5

[bìmiǎn]
↘ ∨
삐 미앤

동 피하다, 모면하다

비빔멘(면)만 먹는다고 살찌는 걸 **피할** 수 있을 것 같아?

无法避免的话, 就享受吧!
Wúfǎ bìmiǎn dehuà, jiù xiǎngshòu ba!
피할 수 없으면 그냥 즐기자!

无法 동 방법이 없다 / 的话 조 ~하다면 / 就 부 그냥 / 享受 동 즐기다 / 吧 문장의 끝에 쓰여 제의·청구·명령·독촉을 나타냄

毕业

[bìyè]

↘ ↘

삐 예

통 졸업하다

초등학교 **졸업**식 날 축하 공연으로 **삐에로**가 등장했다.

当然我早就大学毕业了。
Dāngrán wǒ zǎojiù dàxué bìyè le.
당연히 저는 벌써 대학 졸업했죠.

当然 ⬚ 당연히 / 我 ⬚ 나 / 早就 ⬚ 이미 / 大学 ⬚ 대학 / 了 동사나 형용사 뒤에 쓰여 동작 또는 변화가 완료되었음을 나타냄

不断

[búduàn]

↗ ↘

부 뚜안

통 끊임없다

부두 안에는 **끊임없이** 선박이 들락날락한다.

我的中文不断进步。
Wǒ de zhōngwén búduàn jìnbù.
내 중국어 실력이 끊임없이 진보한다.

我 ⬚ 나 / 的 ⬚ ~의 / 中文 ⬚ 중국어 / 进步 통 진보하다

원준쌤의 중국어 팁! – 너 중국어 실력이 어쩌고저쩌고 궁시렁궁시렁

진보라는 의미의 进步[jìnbù 진 뿌]와 반대되는 퇴보의 退步[tuìbù 투에이 뿌]는 여러 상황에 사용 가능합니다. 중국에서 생활한 지 얼마 안 됐을 때는 주위에서 "와 너 중국어 진짜 많이 늘었다" 하면서 进步라는 단어를 많이 들었고, 한국에 와서 중국 지인들과 대화를 나눌 때면 阿俊, 你的中文退步了![Ājùn, nǐ de zhōngwén tuìbù le! 아쮠, 니 드어 종원 투에이 뿌 러!] "쥰아, 너 왜 이렇게 중국어가 퇴보됐냐!"라는 말을 많이 들었습니다. 진보와 퇴보라는 단어. 앞으로 여러분들의 중국어 실력에 관해 중국 사람들이 얘기해줄 때 자주 접하게 될 것 같네요!

不耐烦

[búnàifán]

↗ ↘ ↗

부 나이 판◇

형 못 참다, 귀찮다

"언론에 확 **부나**, 이 판?" 승부 조작한 일당이 **못 참고** 협박한다.

怎么了? 为什么这么不耐烦。
Zěnmele? wèishénme zhème búnàifán.
무슨 일 있어요? 왜 이렇게 귀찮아해요.

怎么了 무슨 일이냐 / 为什么 ⬚ 왜 / 这么 ⬚ 이렇게

HSK4

猜

손흥민과 이강인 두 선수의 플레이 **차이**가 뭔지 한번 **알아맞혀보세요**!

[cāi]
→
차이

[동] 추측하다, 알아맞히다

看我怎么样? 你猜我的年龄。
Kàn wǒ zěnmeyàng? nǐ cāi wǒ de niánlíng.
저는 어떨 것 같아요? 나이 알아맞혀보세요.
看 [동] 보다 / 我 [대] 나 / 怎么样 [대] 어떠하다 / 你 [대] 너 / 的 [조] ~의 / 年龄 [명] 나이

HSK5

采访

차이나에서 **팡**! 하는 폭발 소리가 나자 각국의 기자들이 **취재하다**.

[cǎifǎng]
∨ ∨
차이 팡◇

[동] 취재하다, 탐방하다

关于THAAD, 记者采访了中国主席。
Guānyú THAAD, jìzhě cǎifǎng le Zhōngguó zhǔxí.
사드에 관해 기자가 중국 주석을 인터뷰하였다.
关于 ~에 대하여 / 记者 [명] 기자 / 了 동사나 형용사 뒤에 쓰여 동작 또는 변화가 완료되었음을 나타냄 / 中国 [명] 중국 / 主席 [명] 주석

HSK4

差不多

차범근과 차두리, **차붐 듀오**는 둘 다 **비슷하게** 유명하다.

[chàbuduō]
↘ →
챠 부 뚜오

[형] 비슷하다, 차이가 별로 없다

我和爸爸的身高差不多。
Wǒ hé bàba de shēngāo chàbuduō.
나랑 아버지는 키가 비슷하다.
我 [대] 나 / 和 [접] ~와 / 爸爸 [명] 아빠 / 的 [조] ~의 / 身高 [명] 키

HSK5

吵

홍수로 한강에 물이 **차오**르는 것 때문에 언론이 **떠들썩해**.

[chǎo]
∨
챠오

[형] 시끄럽다, 떠들썩하다

哎呀, 外面怎么这么吵?
Āiyā, wàimiàn zěnme zhème chǎo?
아이 참, 밖이 왜 이렇게 시끄러워?
哎呀 [감] 불만을 나타냄 / 外面 [명] 바깥 / 怎么 [대] 어떻게 / 这么 [대] 이렇게

14 Day

HSK4

超过

[chāoguò]
→ ↘
챠오 꾸오

[동] 추월하다, ~을 넘다

2등인 차가 추월하면 1등이니 이젠 앞에 차 없구요!

我的体重超过70公斤。
Wǒ de tǐzhòng chāoguò qīshí gōngjīn.
나 몸무게 70kg을 넘었어.
我 [대] 나 / 的 [조] ~의 / 体重 [명] 체중 / 公斤 [명] 킬로그램

HSK5

称

[chēng]
→
청

[동] 칭하다, 부르다

운동회에서 파란색 팀은 청군이라고 부른다.

大家都称我阿俊。
Dàjiā dōu chēng wǒ ājùn.
다들 나를 '아준'이라고 부른다.
大家 [대] 모두 / 都 [부] 전부 / 我 [대] 나

HSK4

成功

[chénggōng]
↗ →
청 꽁

[동] 성공하다

심청이 꽁무니를 따라다닌 끝에 마음을 얻는 데 성공하다!

成功之路。
Chénggōng zhī lù.
성공으로 가는 길
之 [동] 가다, 이르다 / 路 [명] 길, 여정

HSK4

诚实

매일 길거리를 **청소**하시는 <u>성실한</u> 환경미화원

[chéngshí]

↗ ↗

청 스△

형 성실하다

我在深圳大学诚实地学习了。
Wǒ zài shēnzhèndàxué chéngshí de xuéxí le.
나는 선전대학교에서 성실히 공부했다.

我 데 나 / 在 ~에서 / 深圳大学 선전대학 / 地 ㉒ 동사나 형용사 앞에 쓰여 상태를 표시하는 보어를 연결 / 学习 통 공부하다 / 了 문장의 끝에 쓰여서 변화 또는 새로운 상황의 출현을 표시함

HSK4

成为

애인**이** <u>되어</u>달라고 **청**하자 "내가 **왜**?"라고 대답을 듣다.

[chéngwéi]

↗ ↗

청 웨이

통 ~이 되다

他成为一个老师。
Tā chéngwéi yí gè lǎoshī.
그는 선생님이 되었다.

他 데 그 / 一 하나 / 个 양 사람을 셀 때 쓰는 양사 / 老师 명 선생님

HSK5

沉默

"남들은 벌써 **천**만 원 **모았다!**"라는 말에 <u>침묵하는</u> 나

[chénmò]

↗ ↘

천 모어

통 침묵하다

一看到老师就大家都沉默了。
Yí kàndào lǎoshī jiù dàjiā dōu chénmò le.
선생님을 보자마자 모두들 침묵했다.

一…就 ~하자마자 곧 ~하다 / 看到 통 보다 / 老师 명 선생님 / 大家 데 모두 / 都 흿 전부 / 了 문장의 끝에 쓰여서 변화 또는 새로운 상황의 출현을 표시함

迟到

[chídào]

↗　　↘
츠△ 따오

(동) 지각하다, 연착하다

학생들이 **지각하는데** 계속 혼내기에는 힘에 부**쳐따오**.

我迟到了半个小时。
Wǒ chídào le bàngexiǎoshí.
나는 30분 정도 지각했다.
我 메 나 / 了 동사나 형용사 뒤에 쓰여 동작 또는 변화가 완료되었음을 나타냄 / 半个
小时 30분

吃惊

[chījīng]

→　　→
츠△ 징

(동) 놀라다

탈세로 인해 **추징**된 금액을 보고 깜짝 **놀라다**.

我看她唱歌很吃惊。
Wǒ kàn tā chànggē hěn chījīng.
나는 그녀가 노래하는 걸 보고 놀랐다.
我 메 나 / 看 동 보다 / 她 메 그녀 / 唱歌 동 노래를 부르다 / 很 부 매우

冲

[chōng]

→
총

(동) 끓는 물을 붓다, 물로 씻다

총을 멘 이등병들이 선임 밥그릇까지 **물로 씻는다**.

你可以用那水冲碗。
Nǐ kěyǐ yòng nà shuǐ chōng wǎn.
저 물로 그릇 씻으면 돼요.
你 메 너 / 可以 동 ~해도 된다 / 用 동 사용하다 / 那 메 그 / 水 명 물 / 碗 명 그릇

臭

[chòu]

↘
쵸우

(형) 구리다, 고약하다

저놈 엉덩이를 매우 **쵸우라(쳐라)**! 어이쿠 **구린**내가 나네.

你的嘴巴好臭, 快点去刷牙。
Nǐ de zuǐbā hǎo chòu, kuàidiǎn qù shuāyá.
너 입 냄새 너무 심하다, 빨리 가서 이 닦아.
你 메 너 / 的 조 ~의 / 嘴巴 명 입 / 好 부 너무 / 快点 서둘러 / 去 동 가다 / 刷牙 동
이를 닦다

HSK5
传染

[chuánrǎn]

↗ ∨
츄안 란△

(동) 전염하다, 감염하다

찬란(찬란)하게 청룡영화상 후보에 올랐던 부산행은 <u>감
염</u> 좀비물이다.

冠状病毒传染到全世界了。
Guānzhuàngbìngdú chuánrǎn dào quánshìjiè le.
코로나 바이러스가 전 세계로 전염됐어요.

冠状病毒 (명) 코로나 바이러스 / 到 ~로 / 全世界 (명) 전 세계 / 了 동사나 형용사 뒤에
쓰여 동작 또는 변화가 완료되었음을 나타냄

원준쌤의 중국어 팁! – 무시무시한 코로나 바이러스. 넌 중국어로 이름이 뭐니?

2020년 초부터 한창 유행한 코로나 바이러스는 사전에 新型冠状病毒肺炎[xīnxíng guānzhuàng bìngdú fèiyán 신싱
꾸안주앙 뼁두 페이앤] 혹은 冠状病毒[guānzhuàng bìngdú 꾸안주앙 뼁두]라고 나와 있는데 정말 기네요. 혹시 중국
현지 내에서 중국인들 사이에서 쓰는 단어가 있을지도 몰라서 물어보니, 코로나 바이러스가 막 발발하기 시작한 2019
년에 중국인들 사이에서 新冠肺炎[xīnguān fèiyán 신꾸안 페이앤]이라 불렸다고 하네요. 肺炎은 폐렴이라는 뜻입니다.
위에 길게 사전적으로 쓰여 있는 단어를 줄여서 이렇게 줄임말로 사용하는 듯 보입니다. 중국인들 사이에서 이렇게도
불린다고 하니 알아둡시다.

HSK4
出生

[chūshēng]

→ →
츄 성

(동) 출생하다, 태어나다

추성훈 딸로 <u>태어난</u> 추사랑

我出生在釜山。
Wǒ chūshēng zài fǔshān.
나는 부산에서 태어났다.

我 (대) 나 / 在 ~에서 / 釜山 (명) 부산

HSK5

刺激

너가 날 츳지(쳤지)? 상대방에게 시비 걸며 자극하다.

[cìjī]

↘ →

츠 찌

[동] 자극하다

你真坏。不要刺激他。

Nǐ zhēn huài. Búyào cìjī tā.

너 진짜 못됐다. 걔 좀 자극하지 마.

你 [대] 너 / 真 [부] 정말 / 坏 [형] 나쁘다 / 不要 [부] ~하지 마라 / 他 [대] 그

HSK3

聪明

용기 있고 똑똑한 안중근 의사에게 총을 슬쩍 밈(밀어줌).

[cōngming]

→

총 밍

[형] 총명하다, 똑똑하다

我弟弟是个聪明的学生。

Wǒ dìdi shì ge cōngming de xuésheng.

내 동생은 똑똑한 학생이야.

我 [대] 나 / 弟弟 [명] 남동생 / 是 [동] ~이다 / 个 [양] 사람을 셀 때 쓰는 양사 / 的 [조] ~의 / 学生 [명] 학생

HSK4

打扮

예쁘게 꾸미고 나가서 너한테 다 반하게 만들어.

[dǎban]

∨

따 빤

[동] 꾸미다, 단장하다

你还没打扮好吗? 我们先走吧。

Nǐ hái méi dǎban hǎo ma? Wǒmen xiān zǒu ba.

너 아직 덜 꾸몄어? 우리끼리 먼저 가자.

你 [대] 너 / 还 [부] 아직 / 没 [부] 아니, 못 / 好 동사 뒤에 쓰여 완성되었음을 나타냄 / 吗 의문을 나타냄 / 我们 [대] 우리 / 先 [부] 먼저 / 走 [동] 가다 / 吧 문장의 끝에 쓰여 제의·청구·명령·독촉을 나타냄

HSK1

打电话

왕따를 당한 뒤엔 화가 나 선생님께 항의 전화를 걸었어.

[dǎdiànhuà]

∨ ↘ ↘

따 디앤 후아

[동] 전화를 걸다

等一下。我正在打电话呢。

Děng yíxià. Wǒ zhèngzài dǎdiànhuà ne.

기다려. 나 지금 통화중이야.

等 [동] 기다리다 / 一下 좀 ~하다 / 我 [대] 나 / 正在…呢 [부] 지금 ~하는 중이다

呆

[dāi]
→
따이

형 멍하다 동 머무르다

따이! 차력쇼에서 머리 격파를 하고 나니 **멍하다**.

我在中国已经呆了几年。
Wǒ zài Zhōngguó yǐjīng dāi le jǐnián.
나는 중국에서 몇 년째 머무르고 있다.
我 때 나 / 在 ~에서 / 中国 명 중국 / 已经 튀 이미 / 了 동사나 형용사 뒤에 쓰여 동작
또는 변화가 완료되었음을 나타냄 / 几年 몇 년

打交道

[dǎjiāodao]
∨ →
따 지아오 따오

동 연락하다, 교제하다

폰에 **연락하던** 사람들 연락처를 **다 지았다오**(지웠다오).

我想跟中国明星打交道。
Wǒ xiǎng gēn Zhōngguó míngxīng dǎjiāodào.
중국 연예인과 한번 사귀어보고 싶어.
我 때 나 / 想 동 바라다 / 跟 접 ~와 / 中国 명 중국 / 明星 명 인기 스타

打篮球

[dǎlánqiú]
∨ ↗ ↗
따 란 치오우

농구를 하다

저 길**따란** 것 좀 **치워!** **농구하는** 데 방해돼.

下课后, 我跟朋友们打篮球。
Xiàkè hòu, wǒ gēn péngyoumen dǎlánqiú.
수업 끝난 후, 친구와 농구를 했다.
下课 동 수업이 끝나다 / 后 명 후 / 我 때 나 / 跟 접 ~와 / 朋友们 친구들

挡

[dǎng]
∨
땅

동 막다, 차단하다

내 **땅**에는 안 된다며 건설을 **막는** 주민

你不带口罩的话, 保安挡在你面前。
Nǐ bú dài kǒuzhào dehuà, bǎoān dǎng zài nǐ miànqián.
너 마스크 착용 안 하면 경비원이 앞을 가로막을 거야.
你 때 너 / 不 튀 부정을 표시함 / 带 동 지니다 / 口罩 명 마스크 / 的话 조 ~하다면 /
保安 명 경비원 / 在 ~에 / 面前 명 면전, 앞

HSK4

当

땅을 안 뺏기려고 주인이 직접 <u>맡아서</u> 지키다.

[dāng]
→
땅

(동) 맡다, 되다 (형) 적합하다

我闺蜜想当翻译家。
Wǒ guīmì xiǎng dāng fānyìjiā.
내 절친은 번역가가 되고 싶어 한다.

我 (대) 나 / 闺蜜 (명) 절친(여자 사이에만 사용) / 想 (동) 바라다 / 翻译家 (명) 번역가

원준쌤의 중국어 팁! – 중국어 책에 없고, 학교에서도 가르쳐 주지 않는 '절친'

언어는 책으로 기본적인 지식을 습득하고 실질적으로 사람들과 부딪히며 많이 사용하는 어휘들을 배우는 것이 좋습니다. 중국어도 마찬가지입니다. 중국인들도 우리와 같이 줄임말이나 신조어들을 널리 사용합니다. 그중 하나가 바로 闺蜜[guīmì 꾸에이 미], '절친'이라는 표현입니다. 이 표현은 정말 친한 여자 사이를 가리킬 때 씁니다. 친한 남자 사이는 好兄弟[hǎo xiōngdì 하오 시옹띠], 好哥们[hǎo gēmen 하오 꺼먼]이라고 부릅니다. 好基友[hǎo jīyǒu 하오 지요우]라는 표현 또한 있는데요. 이 표현은 같이 살거나 붙어 다니는 브로맨스 느낌의 어감 정도로 생각하면 될 것 같네요! 그런데 이 표현은 중국인 친구가 저한테 말해주고 나서 웃는 걸 보니 좀 특이하고 일반적이진 않은 표현인가 봅니다.

HSK5

当心

당신, 내 눈에 띄지 않게 <u>조심해</u>!

[dāngxīn]
→ →
땅 신

(동) 조심하다, 주의하다

当心别迷路!
Dāngxīn bié mílù!
길 안 잃어버리게 조심하세요!

别 (부) ~하지 마라 / 迷路 (동) 길을 잃다

HSK5

倒霉

재수 없게 까마귀들이 다 오냐? 매일같이.

[dǎoméi]
∨ ↗
따오 메이

[형] 재수 없다, 불운하다

今天怎么这么倒霉呢。
Jīntiān zěnme zhème dǎoméi ne.
오늘 왜 이렇게 재수가 없냐.
今天 [명] 오늘 / 怎么 [대] 어떻게 / 这么 [대] 이렇게 / 呢 의문을 나타냄

HSK4

道歉

"이거 물건을 깨서 다 어찌행~" 하며 사과하다.

[dàoqiàn]
↘ ↘
따오 치앤

[동] 사과하다, 사죄하다

当然你应该先道歉。
Dāngrán nǐ yīnggāi xiān dàoqiàn.
당연히 너가 먼저 사과해야지.
当然 [부] 당연히 / 你 [대] 너 / 应该 [동] ~해야 한다 / 先 [부] 먼저

HSK4

导游

가이드가 관광객들에게 "여기로 모두 다 오요~"

[dǎoyóu]
∨ ↗
따오 요우

[동] 안내하다 [명] 관광 가이드

明天旅游时, 帮我导游一下。
Míngtiān lǚyóu shí, bāng wǒ dǎoyóu yíxià.
내일 여행할 때, 나 안내 좀 해줘.
明天 [명] 내일 / 旅游 [명] 여행 / 时 [명] 때 / 帮 [동] 돕다 / 我 [대] 나 / 一下 좀 ~하다

HSK3

打扫

청소하려고 하는데 각자 편한 곳을 하려고 다 싸워.

[dǎsǎo]
∨ ∨
따 싸오

[동] 청소하다

我已经打扫过几次了。
Wǒ yǐjīng dǎsǎo guò jǐcì le.
나는 벌써 몇 번을 청소했어.
我 [대] 나 / 已经 [부] 이미 / 过 [조] 동사 뒤에 붙어 동작의 완료나 동작이 과거에 일어난 것임을 나타냄 / 几次 몇 번 / 了 동작 또는 변화가 완료되었음을 나타냄

HSK4

打针

주사를 잘못 놓은 간호사에게 따졌다.

[dǎzhēn]

∨ →

따 젼

[동] 주사를 놓다, 주사를 맞다

我要到医院打针吃药。

Wǒ yào dào yīyuàn dǎzhēn chīyào.

나는 병원에 가서 주사를 맞고 약을 먹어야 해.

我 [대] 나 / 要 [동] ~해야 한다 / 到 [동] 도달하다 / 医院 [명] 병원 / 吃 [동] 먹다 / 药 [명] 약

HSK4

得

점수를 더 얻으려고 열심히 공부했어.

[dé]

↗

드어

[동] 얻다

这次的汉语水平考试，她又得了满分。

Zhècì de hànyǔshuǐpíngkǎoshì, tā yòu dé le mǎnfēn.

이번에 치른 HSK에서 그녀가 또 만점을 받았어.

这次 [명] 이번 / 的 [조] ~의 / 汉语水平考试 한어수평고시(HSK) / 她 [대] 그녀 / 又 [부] 다시 / 了 동사나 형용사 뒤에 쓰여 동작 또는 변화가 완료되었음을 나타냄 / 满分 [명] 만점

HSK5

等待

어떤 일이덩 다 이해하니 연락 줘, 기다릴게.

[děngdài]

∨ ↘

덩 따이

[동] 기다리다

我整天在等待她的电话呢。

Wǒ zhěngtiān zài děngdài tā de diànhuà ne.

하루 종일 걔 전화를 기다리고 있어.

我 [대] 나 / 整天 [명] 온종일 / 在…呢 [부] ~하고 있는 중이다 / 她 [대] 그녀 / 的 [조] ~의 / 电话 [명] 전화

HSK5

登记

덩치가 큰 사람이 살을 빼기 위해 피트니스를 등록하다.

[dēngjì]

→ ↘

덩 찌

[동] 등록하다, 등기하다

名单上没有你的名字。你确实登记了吗？

Míngdān shàng méiyǒu nǐ de míngzi. Nǐ quèshí dēngjì le ma?

명단엔 이름이 없는데 확실히 등록하셨어요?

名单 [명] 명단 / 上 [명] 위 / 没有 [동] 없다 / 你 [대] 너 / 的 [조] ~의 / 名字 [명] 이름 / 确实 [부] 확실히 / 了 동사나 형용사 뒤에 쓰여 동작 또는 변화가 완료되었음을 나타냄 / 吗 의문을 나타냄

等于

HSK5

等于

[děngyú]

∨ ↗

덩 위

(동) 같다

수학 **등위** 부호 '='는 양변이 서로 <u>같다</u>는 의미다.

6乘以3等于18。
Liù chéngyǐ sān děngyú shíbā.
6 곱하기 3은 18이다.
乘以 곱하다

원준쌤의 중국어 팁! − 2 더하기 2는 귀요미~ 사칙연산 +, −, ×, ÷

우리가 중국에서 사칙연산을 말할 상황이 많진 않겠지만 더하기, 빼기, 곱하기, 나누기를 어떻게 중국어로 말하는지는
알아두는 게 유용합니다. 위 예문과 마찬가지로 사칙연산으로 쭉 나열해볼 테니 한번 보고 넘어가도록 합시다.

• 더하기 : 6加3等于9 [liù jiā sān děngyú jiǔ 리오우 지아 싼 덩위 지오우]
• 빼   기 : 6减3等于3 [liù jiǎn sān děngyú sān 리오우 지앤 싼 덩위 싼]
• 곱하기 : 6乘以3等于18 [liù chéngyǐ sān děngyú shíbā 리오우 청이 싼 덩위 스빠]
• 나누기 : 6除以3等于2 [liù chúyǐ sān děngyú èr 리오우 츄이 싼 덩위 얼]

HSK4

得意

[déyì]

↗ ↘

드어 이

(형) 마음에 들다, 만족하다

빵을 <u>만족할</u> 정도로 얻으면 **더 이상** 요구하지 않는다.

这副画是我最得意的一副作品。
Zhè fù huà shì wǒ zuì déyì de yífù zuòpǐn.
이 그림은 내가 가장 마음에 들어 하는 작품이다.
这 때 이 / 副 양 그림을 셀 때 쓰는 양사 / 画 명 그림 / 是 동 ~이다 / 我 때 나 / 最 때
가장 / 的 조 ~의 / 一副 한 폭 / 作品 명 작품

低

[dī]

→

띠

형 낮다

넥타이는 목에! 허리**띠**는 그보다 **낮은** 허리에!

我们班的成绩很低。

Wǒmen bān de chéngjì hěn dī.

우리 반 성적이 너무 낮다.

我们 떼 우리 / 班 몡 반 / 的 조 ~의 / 成绩 몡 성적 / 很 튀 매우

钓

[diào]

↘

띠아오

동 낚시하다

낚시하러 갔는데 내 **뒤**에는 벌써 대어를 낚았네. **아오**!

我的爱好是钓鱼。

Wǒ de àihào shì diàoyú.

내 취미는 낚시하는 거야.

我 떼 나 / 的 조 ~의 / 爱好 몡 취미 / 是 동 ~이다 / 钓鱼 동 물고기를 낚다

动作

[dòngzuò]

↘ ↘

똥 쭈오

동 동작하다, 행동하다

개와 산책할 때는 개**똥 주워**야 견주답게 **행동한** 거야.

你快点动作。

Nǐ kuàidiǎn dòngzuò.

너 빨리 좀 움직여.

你 떼 너 / 快点 서둘러

读

[dú]

↗

두

동 읽다, 공부하다

밤에 잠이 안 올 땐 책 **두** 장만 **읽어도** 잠이 쏟아진다.

我给你读书。

Wǒ gěi nǐ dú shū.

내가 책 읽어줄게.

我 떼 나 / 给 동 주다 / 你 떼 너 / 书 몡 책

HSK3

锻炼

엄청 단련해 축구 실력을 올렸더니 두 앙리급이야, 앤!

[duànliàn]

↘ ↘

뚜안 리앤

[동] (운동을 통해 신체를) 단련하다

我建议你每天去健身房锻炼身体。

Wǒ jiànyì nǐ měitiān qù jiànshēnfáng duànliàn shēntǐ.

너 매일 헬스장 가서 운동 좀 해.

我 [대] 나 / 建议 [동] 제의하다 / 你 [대] 너 / 每天 [명] 매일 / 去 [동] 가다 / 健身房 [명] 헬스장 / 身体 [명] 몸

HSK4

对话

대화하려고 전화했는데 뚜뚜~ 소리만 나니, 에이! 화난다.

[duìhuà]

↘ ↘

뚜에이 후아

[동] 대화하다 [명] 대화

我们应该经常练习简单的中文对话。

Wǒmen yīnggāi jīngcháng liànxí jiǎndān de zhōngwén duìhuà.

우리는 간단한 중국어 대화라도 자주 연습해야 해.

我们 [대] 우리 / 应该 [동] ~해야 한다 / 经常 [부] 자주 / 练习 [동] 연습하다 / 简单 [형] 간단하다 / 的 [조] ~의 / 中文 [명] 중국어

HSK5

蹲

쪼그리고 앉아서 시선을 고정해둔 채 멍하니 바라보다.

[dūn]

→

뚠

[동] 쪼그리고 앉다

你累吗? 那暂时蹲下吧。

Nǐ lèi ma? Nà zànshí dūn xià ba.

너 피곤해? 그럼 잠시 쪼그리고 앉아.

你 [대] 너 / 累 [형] 지치다, 피곤하다 / 吗 의문을 나타냄 / 那 [접] 그렇다면 / 暂时 [명] 잠깐 / 下 좀 ~하다 / 吧 문장의 끝에 쓰여 제의·청구·명령·독촉을 나타냄

HSK5

多余

옷 정리하고 남은 나머지는 둬, 위에.

[duōyú]

→ ↗

뚜오 위

[형] 나머지의, 여분의

你把多余的衣服给我。

Nǐ bǎ duōyú de yīfu gěi wǒ.

남는 옷 있으면 나 좀 줘.

你 [대] 너 / 把 ~을 / 的 [조] ~의 / 衣服 [명] 옷 / 给 [동] 주다 / 我 [대] 나

18
Day

HSK3

发

전기를 **보내면** **파**지직! 스파크가 일어난다.

[fā]
→
파◇

[동] 보내다, 부치다

嗯?你什么时候给我发信息呢?
Éng? nǐ shénmeshíhou gěi wǒ fā xìnxī ne?
응? 너 언제 나한테 문자 보냈어?
嗯 [감] 응 / 你 [대] 너 / 什么时候 [대] 언제 / 给 [동] 주다 / 我 [대] 나 / 信息 [명] 메시지 / 呢 의문을 나타냄

HSK5

发达

빠따(방망이)로 때려야 **발전한다는** 건 구시대적 발상이야.

[fādá]
→ ↗
파◇ 따

[동] 발달하다, 발전하다

深圳的公共交通系统非常发达。
Shēnzhèn de gōnggòngjiāotōng xìtǒng fēicháng fādá.
선전은 대중교통 시스템이 아주 발달되어 있어요.
深圳 [명] 선전 / 的 [조] ~의 / 公共交通 대중교통 / 系统 [명] 시스템 / 非常 [부] 매우

HSK5

发抖

겨울 바다 보러 갔다가 **파도** 바람에 추워서 벌벌 **떤다**.

[fādǒu]
→ ∨
파◇ 또우

[동] 떨다

你为什么这么发抖呢? 有什么事?
Nǐ wèishénme zhème fādǒu ne? Yǒu shénme shì?
너 왜 이렇게 떨고 있어? 무슨 일이야?
你 [대] 너 / 为什么 [대] 왜 / 这么 [대] 이렇게 / 呢 의문을 나타냄 / 有 [동] 있다 / 什么 [대] 무슨 / 事 [명] 일

罚款

HSK5

罚款

[fákuǎn]

↗ ⌄
파◇ 쿠안

통 벌금을 물다

운전 중 **파리**를 내쫓다가 차를 **쿠앙**! 박아 **벌금을 물다**.

如果地铁站里抽烟, 罚款1000元。
Rúguǒ dìtiězhàn lǐ chōuyān, fákuǎn yìqiān yuán.
지하철역 안에서 담배 피우면 벌금이 1000위안이야.

如果 쩹 만약에 / 地铁站 지하철역 / 里 명 안 / 抽烟 통 담배를 피우다 / 元 명 위안(중국 돈)

HSK5

翻

[fān]

→
판◇

통 뒤집다, 뒤지다

고스톱에서 돈을 잃자 화가 나서 **판**을 **뒤집어**엎었다.

你别翻我的东西。
Nǐ bié fān wǒ de dōngxi.
제 물건 함부로 뒤지지 마세요.

你 대 너 / 别 부 ~하지 마라 / 我 대 나 / 的 조 ~의 / 东西 명 물건

HSK3

放

[fàng]

↘
팡◇

통 놓아주다, 풀어놓다

팡(방)구 뽕~ 끼면서 똥구멍에 힘을 **풀어놓다**.

今年春节放假五天。
Jīnnián chūnjié fàngjià wǔtiān.
이번 설은 5일 쉰다.

今年 명 올해 / 春节 명 설 / 放假 통 휴가로 쉬다 / 五天 5일

HSK5

妨碍

[fáng'ài]

↗ ↘
팡◇ 아이

통 방해하다, 지장을 주다

공을 팡팡 튀기며 노는 **아이** 때문에 공부에 **방해돼**.

不要妨碍我, 请安静一下。
Búyào fáng'ài wǒ, qǐng ānjìng yíxià.
방해하지 말고 조용히 좀 해주세요.

不要 부 ~하지 마라 / 我 대 나 / 请 상대방에게 어떤 일을 부탁하거나 권할 때 쓰는 정중한 표현 / 安静 형 조용하다 / 一下 좀 ~하다

HSK4

放寒假

[fànghánjià]

↘ ↗ ↘

팡◇ 한 지아

[동] 겨울방학을 하다

겨울방학 중 산에 올라갈 때 입는 옷은 당연히 방한이 지야!

我十二月放寒假。

Wǒ shíèryuè fànghánjià.

나 12월에 겨울방학이야.

我 [대] 나 / 十二月 12월

HSK4

放弃

[fàngqì]

↘ ↘

팡◇ 치

[동] 포기하다, 버리다

말 안 듣는 아들을 방치하며 포기한 엄마

你为什么放弃了? 太可惜了。

Nǐ wèishénme fàngqì le? Tài kěxī le.

너 왜 포기한 거야? 너무 아쉽네.

你 [대] 너 / 为什么 [대] 왜 / 了 동사나 형용사 뒤에 쓰여 동작 또는 변화가 완료되었음을 나타냄 / 太…了 너무 ~하다 / 可惜 [형] 아쉽다

HSK4

放暑假

[fàngshǔjià]

↘ V ↘

팡◇ 슈 지아

[동] 여름방학을 하다

여름방학 중 물에서 놀 때 착용하는 시계는 당연히 방수 지야!

你什么时候放暑假?

Nǐ shénmeshíhou fàngshǔjià?

너는 언제 여름방학을 하니?

你 [대] 너 / 什么时候 언제

HSK4
放松
[fàngsōng]
↘ →
팡◇ 송
(동) (긴장을) 풀다, 느슨하게 하다

생**팡송**이 무사히 끝나서 **긴장을 푼다.**

不要紧张, 放松一下。
Búyào jǐnzhāng, fàngsōng yíxià.
긴장하지 말고 좀 풀어.

不要 (부) ~하지 마라 / 紧张 (형) 긴장해 있다 / 一下 좀 ~하다

HSK5
繁荣
[fánróng]
↗ ↗
판◇ 롱△
(형) 번영하다, 번창하다

도박장 **판**이 **롱**(Long)하게 펼쳐져 장사가 잘돼 **번창하다.**

深圳中心街道很繁荣。
Shēnzhèn zhōngxīn jiēdào hěn fánróng.
선전 중심가는 매우 번화한 거리예요.

深圳 (명) 선전 / 中心 (명) 중심 / 街道 (명) 거리 / 很 (부) 매우

HSK3
发烧
[fāshāo]
→ →
파◇ 샤오
(동) 열이 나다

찬물로 급**파**(하)게 **샤오**해서 감기 걸렸나 봐, **열이 나.**

我感冒了, 还发烧。
Wǒ gǎnmào le, hái fāshāo.
감기에 걸려 아직 열이 난다.

我 (대) 나 / 感冒 (동) 감기에 걸리다 / 了 동사나 형용사 뒤에 동작 또는 변화가 완료되었음을 나타냄 / 还 (부) 아직

发生

[fāshēng]

파◇ → 셩 →

동 발생하다, 생기다

한 분야를 쭉 **파** 보셩! 어떤 일이 **발생할지** 모르잖아?

谁知道怎么会**发生**这样的事情。

Shéi zhīdào zěnme huì fāshēng zhèyàng de shìqing.

이런 일이 발생할지 누가 알았겠어.

谁 대 누구 / 知道 동 알다 / 怎么 대 어떻게 / 会 동 ~할 것이다 / 这样 대 이러한 / 的 조 ~의 / 事情 명 일

分

[fēn]

편◇ →

동 나누다, 가르다

니 편 내 **편 나누지** 말자.

语言学校里**分**4个班、入门班、初级班、中级班还有高级班。

Yǔyánxuéxiào lǐ fēn sìge bān, rùménbān, chūjíbān, zhōngjíbān háiyǒu gāojíbān.

어학원에는 입문반, 초급반, 중급반 그리고 고급반으로 4개 반으로 나뉜다.

语言学校 어학원 / 里 명 안 / 个 양 개 / 班 명 반 / 入门班 입문반 / 初级班 초급반 / 中级班 중급반 / 还有 접 그리고 / 高级班 고급반

讽刺

[fěngcì]

펑◇ ∨ 츠 ↘

동 풍자하다

엉덩이를 **뻥 츠**아는(차는) 그림을 그려 정치인을 **풍자했어**.

你现在**讽刺**我吗?

Nǐ xiànzài fěngcì wǒ ma?

지금 나 비꼬는 거예요?

你 대 너 / 现在 명 지금 / 我 대 나 / 吗 의문을 나타냄

丰富

[fēngfù]

펑◇ → 푸◇ ↘

형 풍부하다

눈물이 **펌프**질한 것처럼 나오는 게 감정이 **풍부하구나**.

我的感情很**丰富**。

Wǒ de gǎnqíng hěn fēngfù.

나는 감정이 엄청 풍부해.

我 대 나 / 的 조 ~의 / 感情 명 감정 / 很 부 매우

HSK5

分手

[fēnshǒu]

→ ∨
펀◇ 쇼우

[동] 헤어지다, 이별하다

여자 친구한테 내가 뻰펀하다는 쇼리를 듣고 헤어졌어.

我跟女朋友已经分手了。
Wǒ gēn nǚpéngyou yǐjīng fēnshǒu le.
나 여자 친구랑 벌써 헤어졌어.
我 [대] 나 / 跟 [접] ~와 / 女朋友 [명] 여자 친구 / 已经 [부] 이미 / 了 동사나 형용사 뒤에 쓰여 동작 또는 변화가 완료되었음을 나타냄

HSK5

扶

[fú]

↗
푸◇

[동] 부축하다, 일으키다

곰돌이 푸는 몸이 무거워 일어날 때 옆에서 부축해야 한다.

等下, 我来扶你起来。
Děng xià, wǒ lái fú nǐ qǐlái.
기다려요, 제가 일으켜드릴게요.
等 [동] 기다리다 / 下 좀 ~하다 / 我 [대] 나 / 来 [동] 하다 / 你 [대] 너 / 起来 [동] 일어서다

HSK4

富

[fù]

↘
푸◇

[형] 부유하다, 재산이 많다

곰돌이 푸의 부유함은 꿀 보유량으로 따진다.

看来房主很富。
Kànlái fángzhǔ hěn fù.
딱 보니 집주인은 재산이 많아 보인다.
看来 [부] 보기에 ~하다 / 房主 [명] 집주인 / 很 [부] 매우

HSK3

复习

[fùxí]

↘ ↗
푸◇ 시

(동) 복습하다

오늘 배운 중국어를 **복습하며** 단어를 머릿속에 **푸시** (Push)!

我已经复习**了这本书。**
Wǒ yǐjīng fùxí le zhè běn shū.
나 이미 이 책 복습했어.

我 ⓓ 나 / 已经 ⓤ 이미 / 了 동사나 형용사 뒤에 쓰여 동작 또는 변화가 완료되었음을 나타냄 / 这 ⓓ 이 / 本 ⓥ 책을 셀 때 쓰는 양사 / 书 ⓜ 책

HSK4

复杂

[fùzá]

↘ ↗
푸◇ 자

(형) 복잡하다

변기통이 막혀 머리가 **복잡할** 땐 아무 생각 말고 그냥 **푸자**!

这个问题非常复杂**。**
Zhège wèntí fēicháng fùzá.
이 문제 너무 복잡해.

这个 ⓓ 이것 / 问题 ⓜ 문제 / 非常 ⓤ 대단히

HSK5

盖

[gài]

↘
까이

(동) 덮다, 씌우다

쌀쌀한 날 터프**가이**가 외투를 벗어 여자에게 **덮어준다**.

我给女朋友盖**上了我的夹克。**
Wǒ gěi nǚpéngyou gàishàng le wǒ de jiākè.
여자 친구에게 내 재킷을 덮어 주었다.

我 ⓓ 나 / 给 ⓥ 주다 / 女朋友 ⓜ 여자 친구 / 盖上 ⓥ 덮다 / 了 동사나 형용사 뒤에 쓰여 동작 또는 변화가 완료되었음을 나타냄 / 的 ⓩ ~의 / 夹克 ⓜ 재킷

干

[gàn]

↘

깐

동 (어떤 일을) 하다

사람이 되려는 곰에게 마늘을 먼저 **까게 하다**.

你在干什么?

Nǐ zài gàn shénme?

너 지금 뭐 해?

你 때 너 / 在 부 ~하고 있는 중이다 / 什么 때 무슨

원준쌤의 중국어 팁! ━ 중국인들이 평소에 더 많이 쓰는 꿀팁 방출!

'너 지금 뭐 해?'라는 표현을 할 때 일반적으로 你在做什么?[Nǐ zài zuò shénme? 니 짜이 쭈오 션머?]라고 배웁니다.

做는 '하다', 什么는 '무엇'이라는 의미죠. 하지만 실제 중국인들은 일상생활에서 做 대신 위의 干을 훨씬 많이 씁니다.

你在干嘛?[Nǐ zài gànmá? 니 짜이 깐마?]라고 많이 사용하니 꼭 알아둡시다!

刚

[gāng]

→

깡

형 단단하다 부 이제 막

강철은 깡깡! 두드려도 깨지지 않고 **단단하다**.

我是韩国人, 刚来中国不久。

Wǒ shì hánguórén, gāng lái Zhōngguó bùjiǔ.

저는 한국인이고, 중국에 온 지는 얼마 안 됐어요.

我 때 나 / 是 동 ~이다 / 韩国人 명 한국인 / 来 동 오다 / 中国 명 중국 / 不久 부 머지 않다

感激

[gǎnjī]

∨ →

깐 지

동 감격하다, 고마움을 느끼다

소간지(소지섭)를 실제 본 팬이 **감격하다**.

我感激你的帮助。

Wǒ gǎnjī nǐ de bāngzhù.

당신의 도움에 정말 감사함을 느꼈어요.

我 때 나 / 你 때 너 / 的 조 ~의 / 帮助 명 도움

HSK3

干净

[gānjìng]
→ ↘
깐 징

[형] 깨끗하다

매장을 깨끗하게 치우고 매트를 깐 징원(직원)

你的房间比以前干净很多。
Nǐ de fángjiān bǐ yǐqián gānjìng hěn duō.
너 방 예전보다 훨씬 깨끗해졌네.
你 [대] 너 / 的 [조] ~의 / 房间 [명] 방 / 比 ~보다 / 以前 [명] 이전 / 很 [부] 매우 / 多 [형] 많다

HSK3

感冒

[gǎnmào]
V ↘
깐 마오

[동] 감기에 걸리다 [명] 감기

그 음식 간 보지 마오! 너 감기 걸렸잖아!

鼻塞也是感冒的一种症状。
Bísè yě shì gǎnmào de yìzhǒng zhèngzhuàng.
코가 막히는 것은 일종의 감기 증상이다.
鼻塞 [명] 코막힘 / 也 [부] 또한 / 是 [동] ~이다 / 的 [조] ~의 / 一种 [명] 일종 / 症状 [명] 증상

HSK2

高

[gāo]
→
까오

[형] 높다, 크다

꺄오~ 키 큰 훈남 연예인을 보자 팬들이 소리 질렀어.

你个子很高。
Nǐ gèzi hěn gāo.
너 키 엄청 크네.
你 [대] 너 / 个子 [명] 키 / 很 [부] 매우

HSK1

高兴

[gāoxìng]
→ ↘
까오 씽

[동] 기뻐하다, 즐거워하다

중국 생활이 너무 즐거워서 시간이 흐르는 게 아까우씽.

认识你很高兴!
Rènshi nǐ hěn gāoxìng!
당신을 알게 되어서 정말 기쁩니다!
认识 [동] 알다 / 你 [대] 너 / 很 [부] 매우

21 Day

HSK4

共同

[gòngtóng]

↘ ↗
꽁 통

형 공통의, 공동의

꽁통은 **공통**과 발음이 비슷하죠?

我和女朋友有共同的爱好。
Wǒ hé nǚpéngyou yǒu gòngtóng de àihào.
나랑 여자 친구는 취미가 같아.
我 때 나 / 和 쩹 ~와 / 女朋友 뗑 여자 친구 / 有 통 있다 / 的 쬬 ~의 / 爱好 뗑 취미

HSK4

挂

[guà]

↘
꾸아

통 (못에) 걸다, (전화를) 끊다

조기를 **꾸아**서(구워서) 천장에 **걸어**놓고 밥을 먹는 자린
고비

你不要挂电话。
Nǐ búyào guà diànhuà.
너 전화 끊지 마.
你 때 너 / 不要 뿌 ~하지 마라 / 电话 뗑 전화

HSK3

关

[guān]

→
꾸안

통 닫다, 끄다

냄새도 심한데 왜 창문을 **닫고** 생선을 **꾸았**니(구웠니)?

我房间里关着窗户。
Wǒ fángjiān lǐ guān zhe chuānghu.
내 방 창문이 닫혀 있다.
我 때 나 / 房间 뗑 방 / 里 뗑 안 / 着 쬬 ~한 채로 있다 / 窗户 뗑 창문

逛

[guàng]

꾸앙

(동) 거닐다, 놀러 다니다

거리에 <u>거니는</u> 사람이 너무 많아 서로 쾅! 부딪힌다.

这个周末我们去逛街吧。
Zhège zhōumò wǒmen qù guàngjiē ba.
이번 주 우리 쇼핑가자.

这个 (대) 이번 / 周末 (명) 주말 / 我们 (대) 우리 / 去 (동) 가다 / 逛街 (동) 거리를 구경하며 돌아다니다 / 吧 문장의 끝에 쓰여 제의·청구·명령·독촉을 나타냄

害羞

[hàixiū]

하이 시오우

(형) 부끄러워하다, 수줍어하다

하…. 준이 씨에게 오후에 고백했는데 너무 <u>부끄럽다.</u>

我也是一个害羞的人。
Wǒ yě shì yígè hàixiū de rén.
나 또한 수줍음 많은 사람이야.

我 (대) 나 / 也 (부) 또한 / 是 (동) ~이다 / 一个 하나 / 的 (조) ~의 / 人 (명) 사람

好

[hǎo]

하오

(형) 좋다

<u>하오</u>아이(하와이)는 신혼여행지로 정말 <u>좋은</u> 곳이죠!

你是一个好人。
Nǐ shì yígè hǎo rén.
넌 좋은 사람이야.

你 (대) 너 / 是 (동) ~이다 / 一个 하나 / 人 (명) 사람

画

[huà]

후아

(동) (그림을) 그리다

나는 만화 <u>그리는</u> 거 좋아해.

我的爱好是画画。
Wǒ de àihào shì huàhuà.
취미가 그림 그리는 거야.

我 (대) 나 / 的 (조) ~의 / 爱好 (명) 취미 / 是 (동) ~이다 / 画画 (동) 그림을 그리다

坏

[huài]
↘
후아이

(형) 나쁘다, 고장나다

"후아~ 이놈 이거 <u>나쁜</u> 놈이네"라며 범인을 취조하다.

我的手机坏了。
Wǒ de shǒujī huài le.
내 휴대폰이 고장 났어.

我 (대) 나 / 的 (조) ~의 / 手机 (명) 휴대폰 / 了 동사나 형용사 뒤에 쓰여 동작 또는 변화가 완료되었음을 나타냄

还

[huán]
↗
후안

(동) 돌려주다, 갚다

아까 공항에서 **환전**하려고 빌린 돈 <u>돌려줄게</u>.

我昨天已经还给他了。
Wǒ zuótiān yǐjīng huán gěi tā le.
나 어제 이미 돌려줬어.

我 (대) 나 / 昨天 (명) 어제 / 已经 (부) 이미 / 给 (동) 주다 / 他 (대) 그 / 了 문장의 끝에 쓰여서 변화 또는 새로운 상황의 출현을 표시함

원준쌤의 중국어 팁! - 还 발음이 '후안'일까? '하이'일까?

还라는 글자는 두 가지 발음으로 자주 쓰입니다. 하나는 위에 나온 [huán 후안] '갚다'라는 뜻이고요. 다른 하나는 부사로 [hái 하이] '아직', '여전히'라는 의미로 쓰인답니다. 글자가 똑같아서 문장 속 문맥을 파악하고 발음을 달리하여 해석해야 합니다. 이건 글을 읽다 보면 자연스레 체득하게 되니 너무 걱정하지 마세요! 还 이 글자로 두 가지 발음을 낼 수 있고, 뜻 또한 다르다는 것만 기억해둡시다.

会

[huì]
↘
후에이

(동) ~할 수 있다

술마시고 운전할 <u>수 있다</u>고 고집부리다가 **후회해이**.

我会写汉字。
Wǒ huì xiě hànzì.
나는 한자를 쓸 줄 안다.

我 (대) 나 / 写 (동) 쓰다 / 汉字 (명) 한자

22
Day

HSK3

回答

거짓말로 대답했는데 들켜서 후회해따.

[huídá]

↗ ↗
후에이 따

[동] 대답하다

我不知道该怎么回答。
Wǒ bùzhīdào gāi zěnme huídá.
나 어떻게 말해야 할지 모르겠어.
我 [대] 나 / 不知道 모른다 / 该 [동] ~해야 한다 / 怎么 [대] 어떻게

HSK4

获得

추운 겨울 굶은 아이들이 호떡을 얻자 아주 기뻐한다.

[huòdé]

↘ ↗
후오 드어

[동] 획득하다, 얻다

我在我们班获得了第一名!
Wǒ zài wǒmen bān huòdé le dìyīmíng!
나 우리 반에서 1등 했어!
我 [대] 나 / 在 ~에서 / 我们 [대] 우리 / 班 [명] 반 / 了 동사나 형용사 뒤에 쓰여 동작 또는 변화가 완료되었음을 나타냄 / 第一名 [명] 1등

HSK4

活动

아직도 연예계에서 활발하게 활동 중인 호동이

[huódòng]

↗ ↘
후오 똥

[동] 활동하다, 움직이다

你整天在家里吗? 活动活动。
Nǐ zhěngtiān zài jiā lǐ ma? Huódòng huódòng.
넌 하루 종일 집에 있냐? 좀 움직여.
你 [대] 너 / 整天 [명] 하루 종일 / 在 ~에 / 家 [명] 집 / 里 [명] 안 / 吗 의문을 나타냄

活泼

[huópō]

↗ →
후오 포어

형 활발하다, 활기차다

"후~ 엎어!" 한마디에 조직원들이 **활발하게** 움직이다.

我妹妹是一个活泼的人。
Wǒ mèimei shì yí gè huópō de rén.
내 여동생은 활발해.

我 때 나 / 妹妹 명 여동생 / 是 동 ~이다 / 一 하나 / 个 양 사람을 셀 때 쓰는 양사 / 的
조 ~의 / 人 명 사람

简单

[jiǎndān]

∨ →
지앤 딴

형 간단하다

일이 **간단해서** 그런지 쟨 딴짓을 하네.

这个问题非常简单。
Zhège wèntí fēicháng jiǎndān.
이 문제는 엄청 간단해.

这个 때 이것 / 问题 명 문제 / 非常 부 대단히

减肥

[jiǎnféi]

∨ ↗
지앤 페이◇

동 살을 빼다, 체중을 줄이다

살 빼려고 폭식 조심하더니 이쟨(젠) 페이스 조절 잘하네.

饮水有助于减肥。
Yǐnshuǐ yǒuzhùyú jiǎnféi.
물 마시면 다이어트에 도움이 된대.

饮水 물을 마시다 / 有助于 ~에 도움이 되다

叫

[jiào]

↘
지아오

동 ~이다, 부르다

제 이름 **불렀나요?** 여기 있지아오.

你叫什么名字?
Nǐ jiào shénme míngzi?
네 이름이 뭐니?

你 때 너 / 什么 때 무엇 / 名字 동 이름

HSK4

交

[jiāo]
→
지아오

[동] 넘기다, 사귀다

비밀문서를 **넘길** 때는 **지하로** 은밀히!

我喜欢交朋友。

Wǒ xǐhuan jiāo péngyou.

나는 친구 사귀는 걸 좋아해.

我 [대] 나 / 喜欢 [동] 좋아하다 / 朋友 [명] 친구

HSK3

教

[jiāo]
→
지아오

[동] 가르치다

가수 지아가 노래를 **가르쳐주자** "**지아 오~** 역시 실력이!"

没有人教你, 你怎么知道呢?

Méiyǒurén jiāo nǐ, nǐ zěnme zhīdào ne?

아무도 너한테 가르쳐주지 않았는데 너 어떻게 알아?

没有人 아무도 / 你 [대] 너 / 怎么 [대] 어떻게 / 知道 [동] 알다 / 呢 의문을 나타냄

HSK4

骄傲

[jiāoào]
→ ↘
지아오 아오

[형] 거만하다, 오만하다

걔는 왜 이리 **거만하게** 행동하는**지 아오**! **아오**! 화나.

我觉得你是非常骄傲。

Wǒ juéde nǐ shì fēicháng jiāoào.

내 생각에 너 너무 건방져.

我 [대] 나 / 觉得 [동] 느끼다 / 你 [대] 너 / 是 [동] ~이다 / 非常 [부] 매우

23
D a y

HSK4

教授

유명한 연출가가 **지하로** 가서 **쇼를** **가르쳐준대**.

[jiàoshòu]
↘ ↘
지아오 쇼우

[동] (학문이나 기예를) 가르치다
[명] 교수

王老师给我们教授中文。
Wáng lǎoshī gěi wǒmen jiàoshòu zhōngwén.
왕 선생님은 우리에게 중국어를 가르친다.
王 [명] 성씨 왕 / 老师 [명] 선생님 / 给 [동] 주다 / 我们 [대] 우리 / 中文 [명] 중국어

원준쌤의 중국어 팁! – 教의 발음이 여러 개네?

教는 [jiāo 1성]과 [jiào 4성] 두 가지로 발음이 가능합니다(Day 22 참고). 이런 글자를 多音字[duōyīnzì 뚜오 인 쯔]라고 하는데 글자 그대로 해석해보면 '여러 발음으로 낼 수 있는 글자'라는 말입니다. 예를 들어 우리나라 대표적인 성씨 '金'이라는 글자를 두고 김 혹은 금으로 다 발음이 가능한 경우로 볼 수 있겠네요.

HSK4

激动

너무 **흥분해서** 허둥**지둥**하지 마.

[jīdòng]
→ ↘
지 동

[형] (감정이) 격하게 움직이다, 흥분하다

你很容易激动了，放松一下。
Nǐ hěn róngyì jīdòng le, fàngsōng yíxià.
너 너무 쉽게 흥분해, 좀 릴렉스해.
你 [대] 너 / 很 [부] 매우 / 容易 [형] 쉽다 / 了 동사나 형용사 뒤에 쓰여 동작 또는 변화가 완료되었음을 나타냄 / 放松 [동] 이완시키다 / 一下 좀 ~하다

HSK4

节

[jié]

↗

지에

[동] 절약하다, 조절하다

물 낭비가 심하다고 한마디 들은 **지애**는 **절약**을 실천했다.

节水节电。

Jiéshuǐ jiédiàn.

물을 아끼고 전기를 절약하자.

节水 [동] 물을 절약하다 / 节电 [동] 절전하다

HSK3

借

[jiè]

↘

지에

[동] 빌리다

재한테 돈 좀 **빌려줘**라.

你找的书**借**回来了吗?

Nǐ zhǎo de shū jiè huílái le ma?

네가 찾던 책 빌려왔어?

你 [대] 너 / 找 [동] 찾다 / 的 [조] ~의 / 书 [명] 책 / 回来 [동] 돌아오다 / 了 동사나 형용사 뒤에 쓰여 동작 또는 변화가 완료되었음을 나타냄 / 吗 의문을 나타냄

HSK3

接

[jiē]

→

지에

[동] 받다, 접하다

바**지에** 있는 폰이 울려서 전화 좀 **받을게**.

我**接**一下电话。

Wǒ jiē yíxià diànhuà.

전화 좀 받을게요.

我 [대] 나 / 一下 한번 ~하다 / 电话 [명] 전화

HSK2

介绍

[jièshào]

↘ ↘

지에 샤오

[동] 소개하다

소개팅 나가려고 **지애**는 **샤워**하고 꽃단장 중!

我给你**介绍**一个朋友。

Wǒ gěi nǐ jièshào yí gè péngyou.

너한테 친구 한 명 소개해줄게.

我 [대] 나 / 给 [동] 주다 / 你 [대] 너 / 一 하나 / 个 [양] 사람을 셀 때 쓰는 양사 / 朋友 [명] 친구

结束

[jiéshù]
↗ ↘
지에 슈

동 끝나다

선착순 기다렸는데 **재수** 없게도 우리 앞에서 **끝났어**.

期中考试终于结束了。
Qīzhōngkǎoshì zhōngyú jiéshù le.
중간고사가 드디어 끝났다.

期中考试 명 중간고사 / 终于 부 마침내 / 了 동사나 형용사 뒤에 쓰여 동작 또는 변화가 완료되었음을 나타냄

节约

[jiéyuē]
↗ →
지에 위에

동 아끼다, 절약하다

지애가 벽 위에 "물을 **아끼고 절약하자**!"라고 붙였어.

你节约用水。
Nǐ jiéyuē yòngshuǐ.
너 물 좀 아껴 써.

你 대 너 / 用水 동 물을 쓰다

接着

[jiēzhe]
→
지에 져

동 잇다 부 잇따라

재 져기 있다. 뒤 **이어서** 가자!

我讲完了你接着讲下去。
Wǒ jiǎng wán le nǐ jiēzhe jiǎng xiàqù.
내 얘기 끝나면 네가 얘기해.

我 대 나 / 讲 말하다 / 完 동 끝나다 / 了 동사나 형용사 뒤에 쓰여 동작 또는 변화가 완료되었음을 나타냄 / 你 대 너 / 下去 동사 뒤에 쓰여서 미래에까지 상황이 계속 이어짐을 나타냄

积极

[jījí]
→ ↗
지 지

형 적극적이다

"에이, **지지**!" 아기가 길바닥에 손을 대자 엄마가 **적극적으로** 말리다.

今天我们班同学们的态度都很积极。
Jīntiān wǒmen bān tóngxuémen de tàidu dōu hěn jījí.
오늘 우리 반 애들 태도가 너무 적극적이다.

今天 명 오늘 / 我们 대 우리 / 班 명 반 / 同学们 동급생들 / 的 조 ~의 / 态度 명 태도 / 都 부 모두 / 很 부 매우

积累

HSK4

[jīlěi]
→ ∨
지 레이

동 쌓이다, 축적하다

물건이 많이 **쌓여** 무거울 때는 **지레**의 원리를 **이용**하자.

你把这本书积累在后面。
Nǐ bǎ zhè běn shū jīlěi zài hòumiàn.
뒤에다가 이 책 쌓아라.

你때 너 / 把 ~을 / 这때 이 / 本양 책을 셀 때 쓰는 양사 / 书명 책 / 在 ~에 / 后面명 뒤

经过

HSK3

[jīngguò]
→ ↘
징 꾸오

동 (장소, 시간, 동작 등을) 지나
다, 경과하다

마른 오징어 **짐**(지금) **구워**. **시간 지나면** 구울 시간 없어.

经过一年, 我的中文水平提高了。
Jīngguò yìnián, wǒ de zhōngwén shuǐpíng tígāo le.
1년쯤 지나자 내 중국어 실력이 향상되었다.

一年명 1년 / 我때 나 / 的조 ~의 / 中文명 중국어 / 水平명 수준 / 提高동 향상시
키다 / 了 동사나 형용사 뒤에 쓰여 동작 또는 변화가 완료되었음을 나타냄

久

HSK3

[jiǔ]
∨
지오우

형 오래되다

오래된 내 흑역사들은 머릿속에서 다 **지워우**.

好久不见!
Hǎojiǔ bújiàn!
오랜만이에요!

好久명 오랫동안 / 不见동 보지 않다

HSK4

举

쥐를 들고 여학생을 놀리러 가는 남학생

[jǔ]
∨
쥐

[동] (위로) 들다

我帮你举一下。
Wǒ bāng nǐ jǔ yíxià.
내가 들어줄게요.
我 [대] 나 / 帮 [동] 돕다 / 你 [대] 너 / 一下 좀 ~하다

HSK4

举办

"아우 쥐 빨리 좀 잡자!" 소탕 작전을 거행하는 사람들

[jǔbàn]
∨ ↘
쥐 빤

[동] 개최하다, 거행하다

我们今天要举办派对了。
Wǒmen jīntiān yào jǔbàn pàiduì le.
우리는 오늘 파티를 열 거야.
我们 [대] 우리 / 今天 [명] 오늘 / 要…了 곧 ~할 것이다 / 派对 [명] 파티

HSK2

觉得

이 퀴즈 답을 생각해봐요. 쥐에 날개를 더하면? 박쥐!

[juéde]
↗
쥐에 드어

[동] ~라고 생각하다

我觉得你很聪明。
Wǒ juéde nǐ hěn cōngming.
내 생각에 너 정말 똑똑한 것 같아.
我 [대] 나 / 你 [대] 너 / 很 [부] 매우 / 聪明 [형] 똑똑하다

HSK4

聚会

쥐 후회해: 서울 삶이 생각보다 팍팍하자 시골 쥐들이 모여 대책 회의를 한다.

[jùhuì]
↘ ↘
쥐 후에이

[동] 모이다

今天晚上我们在酒吧聚会。
Jīntiān wǎnshàng wǒmen zài jiǔbā jùhuì.
오늘 밤에 우리는 술집에서 모였다.
今天 [명] 오늘 / 晚上 [명] 저녁 / 我们 [대] 우리 / 在 ~에서 / 酒吧 [명] 술집

拒绝

[jùjué]

↘ ↗

쮜 쮜에

(동) 거절하다, 거부하다

너는 저 대통령 후보의 의견에 쮜쮜에(지지해) **거부해**?

哎呀, 我现在被拒绝了。

Āiyā, wǒ xiànzài bèi jùjué le.

아이고, 나 방금 거절당했어.

哎呀 (감) 아이고 / 我 (대) 나 / 现在 (명) 지금 / 被 ~당하다 / 了 문장의 끝에 쓰여서 변화 또는 새로운 상황의 출현을 표시함

举行

[jǔxíng]

∨ ↗

쮜 싱

(동) 열다, 거행하다

쮜가 씽~ 돌아다니는 걸 보고 소탕 작전을 **거행하다**.

1988年时, 在首尔举行了奥运会。

Yījiǔbābā nián shí, zài shǒuěr jǔxíng le àoyùnhuì.

1988년에 서울에서 올림픽이 개최됐었어.

年 (명) 년 / 时 (명) 때 / 在 ~에서 / 首尔 (명) 서울 / 了 동사나 형용사 뒤에 쓰여 동작 또는 변화가 완료되었음을 나타냄 / 奥运会 (명) 올림픽

开

[kāi]

→

카이

(동) 열다, 켜다

보소, 문이 잘 안 **열린다카이**.

这门锁了, 我开不了。

Zhè mén suǒ le, wǒ kāi bùliǎo.

이 문은 잠겨 있어서 열 수 없어.

这 (대) 이 / 门 (명) 문 / 锁 (동) 잠그다 / 了 동작 또는 변화가 완료되었음을 나타냄 / 我 (대) 나 / 不了 할 수 없다

开始

HSK2

[kāishǐ]
→ ∨
카이 스△

통 시작되다

카이스트에서 한국 과학의 역사는 시작된다.

学期已经开始了。
Xuéqī yǐjīng kāishǐ le.
학기가 이미 시작되었다.

学期 몡 학기 / 已经 뷔 이미 / 了 동사나 형용사 뒤에 쓰여 동작 또는 변화가 완료되었음을 나타냄

开玩笑

HSK4

[kāi wánxiào]
→ ↗ ↘
카이 완 시아오

통 농담하다, 웃기다

한가위와 쉬어야 하는 주말이 없어진다고? 농담이지?

千万不要和朋友开这种玩笑。
Qiānwàn búyào hé péngyou kāi zhèzhǒng wánxiào.
너 절대로 친구한테 이런 농담 하지 마.

千万 뷔 절대 / 不要 뷔 ~하지 마라 / 和 젭 ~에게 / 朋友 몡 친구 / 这种 데 이런 종류

开心

HSK4

[kāixīn]
→ →
카이 신

혱 즐겁다, 유쾌하다

자녀가 스카이(SKY) 대학에 붙으니 신이 나 즐거워하는 부모

你为什么这么不开心，有什么事?
Nǐ wèishénme zhème bù kāixīn, yǒu shénme shì?
너 왜 이렇게 기분이 안 좋아, 무슨 일 있어?

你 데 너 / 为什么 데 왜 / 这么 데 이렇게 / 不 뷔 부정을 나타냄 / 有 통 있다 / 什么 데 무슨 / 事 몡 일

HSK1

看

[kàn]

↘

칸

[동] 보다, 읽다

나랑 칸 영화제 보러 가자!

你看过这部电影吗?

Nǐ kàn guò zhè bù diànyǐng ma?

너 이 영화 봤어?

你 [대] 너 / 过 [조] ~적 있다 / 这 [대] 이 / 部 [양] 편 / 电影 [명] 영화 / 吗 의문을 나타냄

HSK1

看见

[kànjiàn]

↘ ↘

칸 지앤

[동] 보다, 보이다

"추운 날 간지 아이템엔 이거지!"라며 빨간 내복을 보여주다.

你看见李老师了吗?

Nǐ kànjiàn lǐ lǎoshī le ma?

너 이 선생님 봤어?

你 [대] 너 / 李 [명] 성씨 이 / 老师 [명] 선생님 / 了 어떤 상황이 이미 출현한 것임을 표시 / 吗 의문을 나타냄

원준쌤의 중국어 팁! – 날 좀 보소오~ 날 좀 보소오~ 看? 看见?

看[kàn 칸]과 看见[kànjiàn 칸 지앤]은 언제, 어떻게 써야 할까요? 정확한 사전적 의미를 이해하면 좋지만 그것보다 중국인과의 소통, 대화 등 회화를 위주로 가볍게 이것만 딱 알아갑시다! 일반적인 TV 보기, 영화 보기, 책 보기 등이 있죠? 이처럼 시간을 두고 쭉~ 보는 것은 看! 마치 스치듯 슥~ 한번 본 적 있는 경우에는 看见을 씁니다. 예를 들어 내가 찾고 있는 신발장 위의 열쇠를 봤는지, 저기 서 있는 사람이 보이는지 등등 말이죠. 문법에 대한 복잡한 설명은 잠시 미뤄두고 '쭉~'은 看, '슥~'은 看见으로 이렇게만 알고 넘어갑시다!

HSK2

考试

[kǎoshì]

∨ ↘

카오 스△

[동] 시험을 치다

시험을 치고 난 뒤 카오스 상태야.

明天我要考试了。

Míngtiān wǒ yào kǎoshì le.

나 내일 시험 쳐야돼.

明天 [명] 내일 / 我 [대] 나 / 要…了 ~할 것이다

可怜

[kělián]
∨ ↗
크어 리앤

형 가련하다, 불쌍하다

다른 반찬이 없어 **커리**에 김치만 얹어 먹는 **가련한** 모습

你只吃米饭和泡菜吗? 这么可怜。
Nǐ zhǐ chī mǐfàn hé pàocài ma? Zhème kělián.
너 밥이랑 김치만 먹어? 왜 이렇게 불쌍하냐.

你 때 너 / 只 분 오직, 단지 / 吃 통 먹다 / 米饭 명 밥 / 和 접 ~와 / 泡菜 명 김치 / 吗
의문을 나타냄 / 这么 때 이렇게

咳嗽

[késou]
↗
크어 쏘우

통 기침하다

크억~ 탄산음료 마셨는데 너무 **쏘**으네. **기침이 나와.**

我也突然咳嗽起来。
Wǒ yě tūrán késou qǐlái.
나도 갑자기 기침을 하기 시작했어.

我 때 나 / 也 분 또한 / 突然 분 갑자기 / 起来 동사나 형용사 뒤에 붙어, 동작이나 상
황이 시작되고 또한 계속됨을 나타냄

科学

[kēxué]
→ ↗
크어 쉬에

형 과학적이다 명 과학

과학 발전으로 인해 우리나라가 이만큼 **컸슈에**(컸어요).

我讨厌数学和科学。
Wǒ tǎoyàn shùxué hé kēxué.
나는 수학이랑 과학이 너무 싫어.

我 때 나 / 讨厌 통 싫어하다 / 数学 명 수학 / 和 접 ~와

空

[kòng]
↘
콩

통 비우다, (시간을) 내다

콩을 젓가락으로 집을 땐 마음을 **비우고** 집중!

我想空出时间休息。
Wǒ xiǎng kòngchū shíjiān xiūxi.
시간 좀 내서 쉬고 싶어.

我 때 나 / 想 통 생각하다 / 空出 통 비우다, 내다 / 时间 명 시간 / 休息 통 쉬다

快

HSK2

[kuài]
↘
쿠아이

휑 빠르다

"쿠~"하고 아이가 **빠르게** 잠이 들었다.

我跑的速度很快。
Wǒ pǎo de sùdù hěn kuài.
나 달리기 엄청 빨라.
我 떼 나 / 跑 통 달리다 / 的 포 ~의 / 速度 몡 속도 / 很 뫼 매우

快乐

HSK2

[kuàilè]
↘   ↘
쿠아이 르어

휑 즐겁다, 유쾌하다

"크아~ 너 쟤 좋아하는 거 다 **일러!**" 즐겁게 웃으며 놀리다.

祝你生日快乐。
Zhù nǐ shēngrì kuàilè.
생일 축하합니다.
祝 통 축복하다 / 你 떼 너 / 生日 몡 생일

困

HSK4

[kùn]
↘
쿤

휑 졸리다 통 곤경에 처하다

수업 시간에 너무 **졸려서** 쿤쿤(쿨쿨) 잤어.

昨天睡觉比较迟, 今天有点困。
Zuótiān shuìjiào bǐjiào chí, jīntiān yǒudiǎn kùn.
어제 잠을 좀 늦게 자서 오늘 약간 졸리네.
昨天 몡 어제 / 睡觉 통 자다 / 比较 뫼 비교적 / 迟 휑 늦다 / 今天 몡 오늘 / 有点 뫼 조금

HSK4

困难

[kùnnan]
↘
쿤 난

(형) 곤란하다, 어렵다

"닉쿤이 난 좋더라" 그 얘길 들은 남자친구의 **곤란한** 표정

目前我的中国生活很困难。
Mùqián wǒ de Zhōngguó shēnghuó hěn kùnnan.
요즘 중국 생활이 너무 어려워.
目前 (명) 요즘 / 我 (대) 나 / 的 (조) ~의 / 中国 (명) 중국 / 生活 (명) 생활 / 很 (부) 너무

HSK4

拉

[lā]
→
라

(동) 당기다

퇴근 시간 사무실 문을 **당기면** 라라라~ 절로 노래가 나와.

你在前面拉一下。
Nǐ zài qiánmiàn lā yíxià.
너 앞에서 당겨봐.
你 (대) 너 / 在 ~에서 / 前面 (명) 앞 / 一下 좀 ~하다

HSK4

懒

[lǎn]
∨
란

(형) 게으르다

란(난)을 키울 때 **게으르면** 난이 쉽게 죽는다.

我是个很懒的人。
Wǒ shì gè hěn lǎn de rén.
나는 매우 게으른 사람이다.
我 (대) 나 / 是 (동) ~이다 / 个 (양) 사람을 셀 때 쓰는 양사 / 很 (부) 매우 / 的 (조) ~의 / 人 (명) 사람

HSK4

浪费

[làngfèi]
↘ ↘
랑 페이◇

(동) 낭비하다, 허비하다

친구랑 **페이**를 열심히 모았지만 노느라 돈을 다 **허비했어**.

你疯了吗? 不要浪费钱。
Nǐ fēngle ma? Búyào làngfèi qián.
너 미쳤어? 돈 낭비 좀 하지 마.
你 (대) 너 / 疯了 미치다 / 吗 의문을 나타냄 / 不要 (부) ~하지 마라 / 钱 (명) 돈

HSK4

冷静

[lěngjìng]

∨ ↘

렁 징

[형] 냉정하다, 침착하다

냉정하게 변한 애인의 마음을 어떻게 다시 돌려야 할런징.

我冷静下来了。

Wǒ lěngjìng xiàlái le.

이제 좀 차분해졌어.

我 [대] 나 / 下来 동사 뒤에 쓰여 완성 또는 결과를 나타냄 / 了 문장의 끝에 쓰여서 변화 또는 새로운 상황의 출현을 표시함

HSK4

理发

[lǐfà]

∨ ↘

리 파◇

[동] 이발하다, 머리를 다듬다

이발하러 가서 싸그리 팍 밀어버려!

这家店理发还不错。

Zhè jiā diàn lǐfà hái búcuò.

이 미용실 머리 잘하네.

这 [대] 이 / 家 [양] 가게를 셀 때 쓰는 양사 / 店 [명] 가게 / 还 [부] 꽤 / 不错 [형] 괜찮다

HSK3

练习

[liànxí]

↘ ↗

리앤 시

[동] 연습하다

리모델링한 NC백화점에서 직원들이 인사 연습을 한다.

你应该一直练习中文发音。

Nǐ yīnggāi yìzhí liànxí zhōngwén fāyīn.

너는 계속해서 중국어 발음 연습을 해야 돼.

你 [대] 너 / 应该 [동] ~해야 한다 / 一直 [부] 계속 / 中文 [명] 중국어 / 发音 [명] 발음

HSK3
离开

[líkāi]
↗ →
리 카이

(동) 헤어지다, 떠나다

"니는 까인 거야, 잊어!" <u>헤어진</u> 친구에게 충고하다.

我已经离开韩国一年了。
Wǒ yǐjīng líkāi Hánguó yìnián le.
나는 한국을 떠난 지 벌써 1년이 지났다.
我 ㉹ 나 / 已经 ㈜ 이미 / 韩国 ㈱ 한국 / 一年 ㈱ 1년 / 了 어떤 상황이 이미 출현했음을 나타냄

HSK4
留

[liú]
↗
리오우

(동) 머무르다, 유학하다

리우 올림픽 때 브라질에 많은 관광객이 <u>머물렀다</u>.

我毕业以后, 留在釜山了。
Wǒ bìyè yǐhòu, liú zài fǔshān le.
나는 졸업 후에 부산에 남았다.
我 ㉹ 나 / 毕业 ㈜ 졸업하다 / 以后 ㈱ 이후 / 在 ㉹ ~에 / 釜山 ㈱ 부산 / 了 어떤 상황이 이미 출현했음을 나타냄

HSK4
流利

[liúlì]
↗ ↘
리오우 리

(형) 유창하다

<u>유창하게</u> 레시피를 읊는 거 보니 니 요리 쪼매 하나?

你说的中文很流利。
Nǐ shuō de zhōngwén hěn liúlì.
너 중국어 진짜 유창하다.
你 ㉹ 너 / 说 ㈜ 말하다 / 的 ㈜ ~의 / 中文 ㈱ 중국어 / 很 ㈜ 매우

理想

[lǐxiǎng]
∨ ∨
리 시앙

휑 이상적이다 뗑 꿈

내가 동경하는 **이상적인** 힙합가수는 **리쌍**이야.

我的理想很远大。
Wǒ de lǐxiǎng hěn yuǎndà.
내 꿈은 엄청 커.
我 剛 나 / 的 函 ~의 / 很 뎸 매우 / 远大 휑 원대하다

乱

[luàn]
↘
루안

휑 어지럽다, 혼란하다

누가 나라 안을 **어지럽히느냐**!

打扫一下, 乱七八糟。
Dǎsǎo yíxià, luànqībāzāo.
청소 좀 해요, 엉망진창이네요.
打扫 됭 청소하다 / 一下 좀 ~하다 / 乱七八糟 엉망진창이다

旅行

[lǚxíng]
∨ ↗
뤼 싱

됭 여행하다

굶은 **여행**자가 밥을 구걸하자 주인이 "**뉘신**지?"

跟你一起的旅行很开心。
Gēn nǐ yìqǐ de lǚxíng hěn kāixīn.
너랑 함께하는 여행은 너무 즐거워.
跟 젭 ~와 / 你 剛 너 / 一起 뎸 같이 / 的 函 ~의 / 很 뎸 매우 / 开心 휑 즐겁다

旅游

[lǚyóu]
∨ ↗
뤼 요우

됭 여행하다

"**뉘**시요우?" 주인이 문을 열자 **여행**객이 서 있다.

我打算去北京旅游。
Wǒ dǎsuàn qù běijīng lǚyóu.
나 베이징 여행 갈 거야.
我 剛 나 / 打算 됭 ~할 작정이다 / 去 됭 가다 / 北京 뗑 베이징

马虎

HSK4

[mǎhu]
∨
마 후

(형) 부주의하다, 조심성이 없다

<u>조심성 없이</u> 코를 **마**구 후벼 파다가 코피가 났다.

你打扫时, 太马虎了。
Nǐ dǎsǎo shí, tài mǎhu le.
넌 청소할 때면 너무 세심하지 못해.

你 (대) 너 / 打扫 (동) 청소하다 / 时 (명) 때 / 太…了 너무 ~하다

慢

HSK2

[màn]
↘
만

(형) 느리다

<u>만리장성은 느리지만</u> 긴 세월에 걸쳐 만들어졌다.

你怎么这么慢。
Nǐ zěnme zhème màn.
너 왜 이렇게 느려.

你 (대) 너 / 怎么 (대) 어떻게 / 这么 (대) 이렇게

美丽

HSK4

[měilì]
∨ ↘
메이 리

(형) 아름답다

<u>아름다운</u> 산에서 **메아리**치다.

我们要去一个非常美丽的地方旅游。
Wǒmen yào qù yígè fēicháng měilì de dìfang lǚyóu.
우리 엄청 예쁜 곳으로 여행 갈 거야.

我们 (대) 우리 / 要 (동) ~할 것이다 / 去 (동) 가다 / 一个 하나 / 非常 (부) 대단히 / 的 (조) ~의
/ 地方 (명) 지방 / 旅游 (명) 여행

28 Day

HSK4

梦

[mèng]
↘
멍

[동] 꿈꾸다 [명] 꿈

멍멍! 개꿈을 꾸다.

梦到我!
Mèng dào wǒ!
내 꿈 꿔!
到 ~에 이르다 / 我 [대] 나

HSK4

迷路

[mílù]
↗ ↘
미 루

[동] 길을 잃다

싸우고 나서 서로 잘못을 미루면 화해의 길을 잃게 된다.

我没有迷过路。
Wǒ méiyǒu mí guò lù.
나는 길을 잃어본 적이 없다.
我 [대] 나 / 没有 [동] 없다 / 过 [조] 동사 뒤에 놓여 과거의 경험을 나타냄

HSK4

耐心

[nàixīn]
↘ →
나이 신

[형] 참을성 있다, 인내심 있다

나이가 많으신 분이 인내심을 가지고 중국어를 배우신다.

我是一个耐心的人。
Wǒ shì yí gè nàixīn de rén.
나는 참을성이 있는 사람이다.
我 [대] 나 / 是 [동] ~이다 / 一 하나 / 个 [양] 사람을 셀 때 쓰는 양사 / 的 [조] ~의 / 人 [명] 사람

难

[nán]

↗

난

⟨형⟩ 어렵다

2011년 수능은 역대 최고 **난**이도를 기록할 만큼 <u>어려웠다.</u>

这个问题怎么这么难。
Zhège wèntí zěnme zhème nán.
이 문제 왜 이렇게 어려워.

这个 ⟨대⟩ 이것 / 问题 ⟨명⟩ 문제 / 怎么 ⟨대⟩ 어떻게 / 这么 ⟨대⟩ 이렇게

HSK3

难过

[nánguò]

↗ ↘

난 꾸오

⟨형⟩ 고통스럽다, 괴롭다

아빠는 "**난** 구워!" 아들은 "**난** 싫어!" 요구 사항이 달라
<u>고통스러운</u> 엄마.

三年前, 我的中国生活很难过。
Sānnián qián, wǒ de Zhōngguó shēnghuó hěn nánguò.
3년 전, 내 중국 생활은 정말 어려웠다.

三年 ⟨명⟩ 3년 / 前 ⟨명⟩ 전 / 我 ⟨대⟩ 나 / 的 ⟨조⟩ ~의 / 中国 ⟨명⟩ 중국 / 生活 ⟨명⟩ 생활 / 很 ⟨부⟩ 매우

HSK4

难受

[nánshòu]

↗ ↘

난 쇼우

⟨형⟩ (육체적·정신적으로) 괴롭다, 견딜 수 없다

난 쇼를 할 때 사람들 반응이 없으면 <u>괴로워.</u>

我心里很难受。
Wǒ xīnlǐ hěn nánshòu.
마음이 너무 괴로워.

我 ⟨대⟩ 나 / 心里 ⟨명⟩ 마음속 / 很 ⟨부⟩ 매우

원준쌤의 중국어 팁! - 아오 스트레쑤! 둘 다 괴롭다는 难受와 难过 얘들 뭐니?

괴롭다는 의미의 단어가 두 번 나왔어요. 앞에 글자 难[nán 난]까지는 같은데 뒤에 글자가 다르네요. 难受와 难过의 구분이 필요합니다. 마음이 좋지 않다 혹은 불편할 때는 두 가지 중 어느 걸 써도 무방합니다. 대신 감기 등으로 몸이 좋지 않다 하면 难受[nánshòu 난 쇼우]를, 수입 등이 별로여서 생활이 어려울 땐 难过[nánguò 난 꾸오]를 써야 한다는 것만 가볍게 알고 넘어갑시다.

HSK1

能

[néng]
↗
넝

[동] ~할 수 있다

침착하게 심호흡하고 숫을 던져 너엉! 너도 할 수 있어!

他能教汉字。
Tā néng jiāo hànzì.
그는 한자를 가르칠 수 있어.
他 [대] 그 / 教 [동] 가르치다 / 汉字 [명] 한자

HSK4

弄

[nòng]
↘
농

[동] 하다, 다루다

농사 일을 열심히 하자!

这个怎么弄?
Zhège zěnme nòng?
이거 어찌 해야 돼?
这个 [대] 이거 / 怎么 [대] 어떻게

HSK3

努力

[nǔlì]
∨ ↘
누 리

[동] 노력하다

최고의 인기를 누리는 메시조차도 노력 없이는 최고가 될 수 없다.

我学习非常努力。
Wǒ xuéxí fēicháng nǔlì.
나 진짜 열심히 공부해.
我 [대] 나 / 学习 [동] 공부하다 / 非常 [부] 매우

HSK4

偶尔

[ǒuěr]
∨ ∨
오우 얼△

[형] 우연히 발생한 [부] 가끔

오올~ 저 사람 우연히 봤는데 엄청 예쁘다!

我偶尔去中国旅游。
Wǒ ǒuěr qù Zhōngguó lǚyóu.
나는 가끔 중국 여행을 간다.
我 [대] 나 / 去 [동] 가다 / 中国 [명] 중국 / 旅游 [명] 여행

HSK3

胖

[pàng]
↘
팡

형 뚱뚱하다

엉덩이가 팡팡한 **뚱뚱한** 사람

胖的人为了身体健康需要减肥。
Pàng de rén wèile shēntǐ jiànkāng xūyào jiǎnféi.
뚱뚱한 사람은 건강을 위해 살을 빼야 한다.

的 조 ~의 / 人 명 사람 / 为了 ~을 하기 위해서 / 身体 명 신체 / 健康 명 건강 / 需要
동 필요하다 / 减肥 동 살을 빼다

HSK2

跑步

[pǎobù]
∨ ↘
파오 뿌

동 달리다

나무 밑에 보물이 있으니 얼른 **달려가서** 다 **파오!** 뿌리
까지.

我每天早晨跑一下步。
Wǒ měitiān zǎochén pǎo yíxià bù.
나는 매일 이른 새벽에 가볍게 조깅한다.

我 때 나 / 每天 명 매일 / 早晨 명 이른 새벽 / 一下 좀 ~하다

HSK3

爬山

[páshān]
↗ →
파 샨

동 산에 올라가다, 등산하다

회사가 **파산** 나 모든 걸 버리고 **산에 올라가** 산다.

我不要, 你自己爬山吧。
Wǒ búyào, nǐ zìjǐ páshān ba.
난 싫어, 너 혼자 등산해.

我 때 나 / 不要 바라지 않다 / 你 때 너 / 自己 때 스스로 / 吧 문장의 끝에 쓰여 제의·
청구·명령·독촉을 나타냄

HSK4

骗

[piàn]

↘

피앤

[동] 속이다, 기만하다

보이스피싱이 유행이던데 넌 속임을 피핸니?

我昨天在网上买东西但是我被骗了。

Wǒ zuótiān zài wǎngshàng mǎi dōngxi dànshì wǒ bèi piàn le.

어제 인터넷으로 물건 샀는데 사기당했어.

我 [대] 나 / 昨天 [명] 어제 / 在 ~에서 / 网上 [명] 인터넷 / 买 [동] 사다 / 东西 [명] 물건 / 但是 [접] 그러나 / 被 ~당하다 / 了 동사나 형용사 뒤에 쓰여 동작 또는 변화가 완료되었음을 나타냄

HSK4

破

[pò]

↘

포어

[동] 파손시키다, 깨다

재개발을 위해 파손시킨 건물 잔해들을 빨리 다 퍼내!

做菜的时，我发现我手破了。

Zuòcài de shí, wǒ fāxiàn wǒ shǒu pò le.

요리하다가 내 손이 다친 것을 발견했다.

做菜 [동] 요리하다 / 的时 때 / 我 [대] 나 / 发现 [동] 발견하다 / 手 [명] 손 / 了 동사나 형용사 뒤에 쓰여 동작 또는 변화가 완료되었음을 나타냄

HSK4

普遍

[pǔbiàn]

∨ ↘

푸 비앤

[형] 일반적이다, 보편적이다

코를 후빌 때엔 일반적으로 새끼손가락(?)을 사용하죠?

韩流在深圳非常普遍。

Hánliú zài shēnzhèn fēicháng pǔbiàn.

한류는 선전에서 매우 보편적이야.

韩流 [명] 한류 / 在 ~에서 / 深圳 [명] 선전 / 非常 [부] 매우

HSK3

骑

[qí]

↗

치

[동] (오토바이, 자전거 등에 다리를 벌리고) 타다

치~ 나도 자전거 타고 싶은데 왜 너만 타?

你会骑车吗?

Nǐ huì qíchē ma?

너는 자전거를 탈 줄 아니?

你 [대] 너 / 会 [동] ~할 수 있다 / 骑车 [동] 자전거를 타다 / 吗 의문을 나타냄

千万

[qiānwàn]

→ ↘

치앤 완

(형) 수가 많다, 천만 (부) 절대

이 병원은 사람 **수가 많**네. 병 완**치앤 완**전 전문인가 봐.

千万名中国人过来韩国留学, 旅行。

Qiānwàn míng zhōngguórén guòlái Hánguó liúxué, lǚxíng.

천만 명의 중국인들이 한국에 유학이나 여행하러 와요.

名 (양) 사람을 세는 단위 / 中国人 (명) 중국인 / 过来 (통) 오다 / 韩国 (명) 한국 / 留学 (통) 유학하다 / 旅行 (통) 여행하다

敲

[qiāo]

→

치아오

(통) 두드리다, 치다

문을 **두드려도** 안 열어주자 마음에 불만이 **치아**오른다.

我确实听到了敲门声。

Wǒ quèshí tīngdào le qiāoménshēng.

나는 문을 두드리는 소리를 확실하게 들었다.

我 (대) 나 / 确实 (부) 확실히 / 听到 (통) 듣다 / 了 동사나 형용사 뒤에 쓰여 동작 또는 변화가 완료되었음을 나타냄 / 敲门声 문 두드리는 소리

起床

[qǐchuáng]

∨ ↗

치 츄앙

(통) 일어나다

주인에게 얼른 **일어나**라고 귀요미 **시**츄가 코를 앙 깨문다.

你今天几点起床?

Nǐ jīntiān jǐdiǎn qǐchuáng?

너 오늘 몇 시에 일어났어?

你 (대) 너 / 今天 (명) 오늘 / 几点 (명) 몇 시

HSK3

奇怪

[qíguài]
↗　↘
치 꾸아이

⠀⠀⠀⠀⠀(형) 이상하다

치과에서 이뿐만 아니라 눈도 진료한다는 <u>이상한</u> 병원

最近你的行动真奇怪。
Zuìjìn nǐ de xíngdòng zhēn qíguài.
요즘 너 행동 너무 이상해.

最近 (명) 요즘 / 你 (대) 너 / 的 (조) ~의 / 行动 (명) 행동 / 真 (부) 정말

HSK4

轻

[qīng]
→
칭

⠀⠀⠀⠀⠀(형) 가볍다

쾌지나 **칭칭** 나네~ <u>가벼운</u> 몸놀림

他的体重比我轻。
Tā de tǐzhòng bǐ wǒ qīng.
그의 체중은 나보다 가볍다.

他 (대) 그 / 的 (조) ~의 / 体重 (명) 체중 / 比 ~보다 / 我 (대) 나

HSK3

清楚

[qīngchu]
→
칭 츄

⠀⠀⠀⠀⠀(동) 분명하다, 명백하다

요즘은 SNS **친추**를 해야 서로 친구가 되었음을 <u>분명히</u> 느낀다.

听不清楚, 你再说一遍。
Tīng bu qīngchu, nǐ zài shuō yíbiàn.
잘 안 들려, 다시 얘기해봐.

听 (동) 듣다 / 不 (부) 부정을 표시함 / 你 (대) 너 / 再 (부) 재차 / 说 (동) 말하다 / 一遍 한 번

轻松

HSK4

[qīngsōng]

→ →

칭 송

휑 편안하다, 홀가분하다

전쟁에서 승리해 **칭송**받는 이순신 장군 얼굴이 한결 **편안해** 보인다.

我的心情轻松起来了。

Wǒ de xīnqíng qīngsōng qǐlái le.

내 마음이 편안해지기 시작했다.

我 떼 나 / 的 조 ~의 / 心情 몡 마음 / 起来 동사나 형용사 뒤에 붙어, 동작이나 상황이 시작되고 또한 계속됨을 나타냄 / 了 문장의 끝에 쓰여서 변화 또는 새로운 상황의 출현을 표시함

穷

HSK4

[qióng]

↗

치옹

휑 가난하다, 넉넉하지 못하다

용돈 다 써서 **가난한데** 돈 자랑 하냐? 저리 **치웡**!

我觉得我家并不穷。

Wǒ juéde wǒjiā bìngbù qióng.

우리 집은 결코 가난하지 않다고 생각한다.

我 떼 나 / 觉得 동 ~라고 느끼다 / 我家 우리 집 / 并不 튀 결코 ~하지 않다

却

HSK4

[què]

↘

취에

동 물러나다, 뒷걸음치다

"어우~ 오늘은 술이 조금 **취해**" 비틀거리며 **뒷걸음질친다**.

我来了, 她却一步。

Wǒ lái le, tā què yíbù.

내가 오자 걔는 한 걸음 뒤로 물러섰다.

我 떼 나 / 来 동 오다 / 了 동사나 형용사 뒤에 쓰여 동작 또는 변화가 완료되었음을 나타냄 / 她 떼 그녀 / 一步 휑 한걸음

让

HSK2

[ràng]

↘

랑△

동 옆으로 비키다, 양보하다

낭랑한 목소리로 "지나갈게요~" 하며 좀 **비켜**달라고 한다.

请让一下。

Qǐng ràng yíxià.

좀 비켜주세요.

请 상대방에게 부탁하거나 권할 때 쓰는 정중한 표현 / 一下 좀 ~하다

원준쌤의 중국어 팁! – 잠시만요! 좀 지나갈게요~

좀 비켜달라고 할 경우에 일반적으로 请让一下[qǐngràngyíxià 칭 랑 이시아]라고 배워요. 그런데 엘리베이터나 버스, 지하철 등 사람들이 북적한 곳에서 중국인들이 하는 말을 들어보면 请让一下는 거의 못 듣고 대부분 借过一下[jiè guò yíxià 지에 꾸오 이시아]라고 말합니다. 거의 10명 중 7~8명은 借过一下를 쓸 정도고, 가끔은 请도 뺀 让一下를 듣는 것 같아요. 굳이 우리나라 말대로 해석을 해보면 请让一下는 '좀 비켜주시겠습니까?'와 같이 아주 정중한 느낌, 借过一下는 '좀 지나갈게요'라는 의미로 받아들여지는 것 같아요. 그래서 우리도 앞으로 사람이 많아 좀 비켜서 지나가고 싶을 때는 借过一下를 자주 쓰자고요!

HSK4

热闹

"너 나오라. 옥땅으로 따라와!" 순간 시끌벅적해진다.

[rènao]

↘

르어△ 나오

[형] 떠들썩하다, 시끌벅적하다

目前商店显得不太热闹。

Mùqián shāngdiàn xiǎnde bútài rènao.

요즘 상점들은 그다지 활기차 보이진 않는다.

目前 [명] 요즘 / 商店 [명] 상점 / 显得 [동] ~처럼 보인다 / 不太 그다지 ~하지 않다

HSK4

扔

산에서 으르렁거리는 맹수 만나면 다 버리고 도망가야지.

[rēng]

→

렁△

[동] 버리다, 던지다

这边禁止扔垃圾。

Zhèbiān jìnzhǐ rēng lājī.

여기에 쓰레기 버리지 마시오.

这边 [대] 여기 / 禁止 [동] 금지하다 / 垃圾 [명] 쓰레기

HSK1

认识

아기에게 런닝과 빤스입는 법을 인식시키며 교육하는 엄마

[rènshi]

↘

런△ 스△

[동] 알다, 인식하다

我不认识字。

Wǒ bú rènshi zì.

나는 글자를 몰라.

我 [대] 나 / 不 [부] 부정을 표시함 / 字 [명] 글자

31
Day

HSK3

容易

[róngyì]

↗ ↘
롱△ 이

형 쉽다, 용이하다

롱다리 우사인 볼트는 경기에서 항상 <u>쉽게</u> 이겨.

我觉得这问题太容易了。
Wǒ juéde zhè wèntí tài róngyì le.
내 생각에 이 문제 너무 쉬운 것 같아.

我 대 나 / 觉得 통 ~라고 여기다 / 这 대 이 / 问题 명 문제 / 太…了 너무 ~하다

HSK4

散步

[sànbù]

↘ ↘
산 뿌

동 산보하다

임산뿌인 아내와 함께 공원에서 <u>산보하고</u> 있다.

吃饭后我们散步了。
Chīfàn hòu wǒmen sànbù le.
밥 먹고 우리는 산보를 했다.

吃饭 통 밥을 먹다 / 后 명 뒤 / 我们 대 우리 / 了 동사나 형용사 뒤에 쓰여 동작 또는 변화가 완료되었음을 나타냄

HSK3

上网

[shàngwǎng]

↘ ∨
샹 왕

동 인터넷에 접속하다

상을 4개나 탄 4관왕 봉준호 감독 소식은 <u>인터넷에 접속해</u> 볼 수 있었다.

食堂里可以上网吗?
Shítáng lǐ kěyǐ shàngwǎng ma?
구내식당 내에서 인터넷 쓸 수 있어요?

食堂 명 구내식당 / 里 명 안 / 可以 통 ~할 수 있다 / 吗 의문을 나타냄

HSK4

省

[shěng]

∨

셩

[동] 아끼다, 절약하다

흥부 왈 "아이고 성님, 아껴야 남는 것도 많고 잘살죠!"

我过日子很省。

Wǒ guò rìzi hěn shěng.

나는 매우 절약하며 생활한다.

我 [대] 나 / 过 [동] 보내다 / 日子 [명] 세월 / 很 [부] 매우

HSK2

生病

[shēngbìng]

→ ↘

셩 삥

[동] 병이 나다

우리 성님이 머리가 삥글삥글 돈다는데 병이 나신 건가요?

你生什么病?

Nǐ shēng shénme bìng?

너 무슨 병 난 거야?

你 [대] 너 / 什么 [대] 무엇

HSK4

生活

[shēnghuó]

→ ↗

셩 후오

[동] 생활하다

나 VJ특공대 성우요~ 일상생활하면서도 멋진 말투를 쓰죠.

你中国的生活习惯吗?

Nǐ Zhōngguó de shēnghuó xíguàn ma?

너 중국 생활 좀 익숙해졌어?

你 [대] 너 / 中国 [명] 중국 / 的 [조] ~의 / 习惯 [동] 익숙해지다 / 吗 의문을 나타냄

HSK1

是

[shì]

↘

스△

[형] 맞다, 옳다

스포츠에서 승부 조작을 하는 선수는 영구 퇴출이 옳다.

是, 我懂了。

Shì, wǒ dǒngle.

예, 알겠습니다.

我 [대] 나 / 懂了 알겠다, 이해하다

HSK4
使

[shǐ]

∨

스△

(동) 사용하다, ~에게 ~하게 하다

미술심리상담은 **스케치북**을 **사용해** 사람 마음을 읽는다.

你为什么使上我的笔呢?
Nǐ wèishénme shǐshàng wǒ de bǐ ne?
너 왜 내 연필 사용해?

你 (대) 너 / 为什么 (대) 왜 / 使上 사용하다 / 我 (대) 나 / 的 (조) ~의 / 笔 (명) 펜 / 呢 의문문을 나타냄

HSK4
失败

[shībài]

→ ↘

스△ 바이

(동) 실패하다, 패배하다

도전골든벨에서 진행자가 **슥~** 다가와 **바이**(Bye)라고 하면 **실패**라는 의미

失败是成功之母。
Shībài shì chénggōng zhī mǔ.
실패는 성공의 어머니.

是 (동) ~이다 / 成功 (명) 성공 / 之 (조) ~의 / 母 (명) 어머니

HSK4
失望

[shīwàng]

→ ↘

스△ 왕

(동) 희망을 잃다, 실망하다

프랑스 왕 루이 14세 때 당시 백성들은 **희망을 잃었다.**

因为我们队输了, 我很失望。
Yīnwèi wǒmen duì shū le, wǒ hěn shīwàng.
우리 팀이 져서 나는 실망했다.

因为 (접) ~ 때문에 / 我们 (대) 우리 / 队 (명) 팀 / 输 (동) 지다 / 了 동사나 형용사 뒤에 쓰여 동작 또는 변화가 완료되었음을 나타냄 / 我 (대) 나 / 很 (부) 매우

HSK4

适应

[shìyìng]

↘ ↘
스△ 잉

(동) 적응하다

야구를 처음 하면 헛스윙만 하지만 **적응하면** 잘하더라.

我已经很适应这里的气候了。
Wǒ yǐjīng hěn shìyìng zhèlǐ de qìhòu le.
나는 이미 이곳 기후에 적응했어.

我 (대) 나 / 已经 (부) 이미 / 很 (부) 매우 / 这里 (대) 여기 / 气候 (명) 기후 / 了 문장의 끝에 쓰여서 변화 또는 새로운 상황의 출현을 표시함

HSK4

实在

[shízài]

↗ ↘
스△ 짜이

(형) 진실하다, 꼼꼼하다

얼굴에 여드름이 나 있으면 **꼼꼼하게 슥~ 짜이**.

我的女朋友非常实在。
Wǒ de nǚpéngyou fēicháng shízài.
내 여자 친구는 정말 정직해.

我 (대) 나 / 的 (조) ~의 / 女朋友 (명) 여자 친구 / 非常 (부) 매우

HSK3

瘦

[shòu]

↘
쇼우

(형) 마르다

패션모델 **쇼**에는 대부분 체형이 **마른** 모델이 나온다.

我觉得你很瘦。
Wǒ juéde nǐ hěn shòu.
너 너무 말랐어.

我 (대) 나 / 觉得 (동) ~라고 생각하다 / 你 (대) 너 / 很 (부) 매우

HSK4

受不了

투우사가 소뿔에 치이자 "소뿔이! 아오 아파!" 고통을 참을 수 없다.

[shòubuliǎo]

↘ V

쇼우 부 리아오

[형] 참을 수 없다, 견딜 수 없다

我头疼得受不了。

Wǒ tóuténg de shòubuliǎo.

두통이 심해 못 참겠다.

我 [대] 나 / 头疼 [형] 머리가 아프다 / 得 [조] 동사나 형용사의 뒤에 쓰여 결과나 정도를 표시하는 보어를 연결

HSK4

收拾

쇼가 우습긴 한데 너무 늦었으니 짐을 정리해서 나가자.

[shōushi]

→

쇼우 스△

[동] 정리하다, 정돈하다

你把房间收拾一下。

Nǐ bǎ fángjiān shōushi yíxià.

너 방 정리 좀 해라.

你 [대] 너 / 把 ~을 / 房间 [명] 방 / 一下 좀 ~하다

HSK4

输

수송하는 건 나르고 운반한다는 의미

[shū]

→

슈

[동] 나르다, (대결 등) 지다

我们队输了一个球。

Wǒmen duì shū le yígèqiú.

우리 팀이 아직 한 골 지고 있다.

我们 [대] 우리 / 队 [명] 팀 / 了 동사나 형용사 뒤에 쓰여 동작 또는 변화가 완료되었음을 나타냄 / 一个球 한 골

HSK3

刷牙

수아야! 이 닦아라.

[shuāyá]

→ ↗

슈아 야

[동] 이를 닦다

你一天刷牙几次?

Nǐ yìtiān shuāyá jǐcì?

너 하루에 몇 번 이 닦아?

你 [대] 너 / 一天 하루 / 几次 몇 번

舒服

[shūfu]

→

슈 푸◇

형 (육체나 정신이) 편안하다

수프는 음식을 먹기 전 속이 <u>편안해지게</u> 하려고 먹는다.

你哪里不舒服?

Nǐ nǎlǐ bù shūfu?

너 어디 불편해?

你 때 너 / 哪里 때 어디 / 不 뿐 부정을 표시함

睡觉

[shuìjiào]

↘ ↘

슈에이 지아오

동 자다

<u>자면서 좀 쉬지</u>, 아오야(아우야).

昨天晚上我没睡觉。

Zuótiān wǎnshàng wǒ méi shuìjiào.

엊저녁에 나는 잠을 못 잤다.

昨天 명 어제 / 晚上 명 저녁/ 我 때 나 / 没 이미 발생한 상태·상황의 부정을 표시

说话

[shuōhuà]

→ ↘

슈오 후아

동 말하다, 이야기하다

로켓을 쏘기 전 카운트를 세며 <u>말한다</u>. 5, 4, 3, 2, 1! 쏴!

你为什么整天都没有说话呢。

Nǐ wèishénme zhěngtiān dōu méiyǒu shuōhuà ne.

그녀가 온종일 말을 하지 않았다.

你 때 너 / 为什么 때 왜 / 整天 명 하루 종일 / 都 뿐 모두 / 没有 뿐 ~않다 / 呢 의문을 나타냄

33 Day

HSK4

熟悉

수시 면접 전에 충분히 내용을 숙지하고 임해야 한다.

[shúxī]

↗ →

슈 시

[동] 숙지하다, 잘 알다

我对中国生活熟悉起来了。

Wǒ duì Zhōngguó shēnghuó shúxī qǐlái le.

나는 중국 생활에 익숙해져 가.

我 [대] 나 / 对 ~에 대해 / 中国 [명] 중국 / 生活 [명] 생활 / 起来 동사나 형용사 뒤에 붙어, 동작이나 상황이 시작되고 또한 계속됨을 나타냄 / 了 문장의 끝에 쓰여서 변화 또는 새로운 상황의 출현을 표시함

HSK4

死

갑작스레 말없이 픽 쓰러져 죽었어.

[sǐ]

∨

쓰

[동] 죽다

听说这个房间死了人。

Tīngshuō zhège fángjiān sǐ le rén.

듣기로 이 방에서 사람이 죽었대요.

听说 [동] 듣기로 / 这个 [대] 여기 / 房间 [명] 방 / 了 동사나 형용사 뒤에 쓰여 동작 또는 변화가 완료되었음을 나타냄 / 人 [명] 사람

HSK4

随便

'수'와 'A'를 받은 넌 마음대로 놀아도 되지만 'B' 받은 앤 안 돼.

[suíbiàn]

↗ ↘

수에이 비앤

[동] 마음대로 하다 [부] 하고 싶은 대로

随便，我不管了。

Suíbiàn, wǒ bùguǎn le.

맘대로 해라, 난 상관 안 해.

我 [대] 나 / 不管 간섭하지 않다 / 了 문장의 끝에 쓰여서 변화 또는 새로운 상황의 출현을 표시함

躺

[tǎng]
∨
탕

통 드러눕다

총으로 사람을 **탕** 쏘게 되면 <u>드러눕게</u> 된다.

我躺在床上听音乐。
Wǒ tǎng zài chuáng shàng tīng yīnyuè.
나는 침대에 누워서 음악 들어.

我 때 나 / 在 ~에 / 床 뗑 침대 / 上 뗑 위 / 听 통 듣다 / 音乐 뗑 음악

弹钢琴

[tángāngqín]
↗ → ↗
탄 깡 친

통 피아노를 치다

광부들을 위해 **탄광**에서 친구가 <u>피아노를 쳤다</u>.

我最近开始学习弹钢琴了。
Wǒ zuìjìn kāishǐ xuéxí tángāngqín le.
나 요즘 피아노를 배우기 시작했어.

我 때 나 / 最近 뗑 요즘 / 开始 통 시작되다 / 学习 통 공부하다 / 了 문장의 끝에 쓰여서 변화 또는 새로운 상황의 출현을 표시함

讨厌

[tǎoyàn]
∨ ↘
타오 얜

형 싫어하다

난 싫**타오**! 얜 <u>싫어</u>!

我讨厌你, 走开。
Wǒ tǎoyàn nǐ, zǒukāi.
난 네가 싫어, 저리 가.

我 때 나 / 你 때 너 / 走开 통 떠나다, 물러나다

疼

[téng]
↗
텅

통 아프다

감기몸살이 오면 머릿속이 **텅** 빈 것처럼 <u>아프다</u>.

伤口一直很疼。
Shāngkǒu yìzhí hěn téng.
상처 부위가 계속 아파.

伤口 뗑 상처 부위 / 一直 뷔 계속해서 / 很 뷔 매우

HSK4

提

[tí]

↗
티

[동] 들어 올리다, 쥐다

슈퍼맨의 S자 **티**를 입고 한 손은 허리에, 다른 한 손은 **들어 올리고**!

我每天提上重的书包上学。

Wǒ měitiān tí shàng zhòng de shūbāo shàngxué.

나는 매일 무거운 가방을 들고 학교에 다녀.

我 [대] 나 / 每天 [명] 매일 / 上 [명] 위 / 重 [형] 무겁다 / 的 [조] ~의 / 书包 [명] 책가방 / 上学 [동] 등교하다

HSK4

填空

[tiánkòng]

↗ ↘
티앤 콩

[동] 빈자리에 써 넣다, 빈칸을 메우다

연예인이 내 **티엔 콩**만 한 글씨로 싸인을 **빈자리에 써줬어**.

大家想一下这填空题的答案。

Dàjiā xiǎng yíxià zhè tiánkòng tí de dáàn.

여러분 이 빈칸의 답을 생각해보세요.

大家 [대] 모두 / 想 [동] 생각하다 / 一下 좀 ~하다 / 这 [대] 이 / 题 [명] 문제 / 的 [조] ~의 / 答案 [명] 답안

HSK2

跳舞

[tiàowǔ]

↘ V
티아오 우

[동] 춤을 추다

마음에 드는 이성 옆에서 **춤을 추고** 싶어 하는 마음, 너무 **티나요 우**~

有没有跟我跳舞?

Yǒuméiyǒu gēn wǒ tiàowǔ?

혹시 나랑 춤출 사람 있어?

有没有 있는지 없는지 / 跟 [접] ~와 / 我 [대] 나

提高
HSK3

[tígāo]
↗ →
티 까오

(동) 향상시키다, 높이다

향상시킨 중국어를 길에서 크게 말하면 너무 **티까오**?

哇塞! 你的中文提高了很多。
Wāsài! Nǐ de zhōngwén tígāo le hěn duō.
와우! 너 중국어 진짜 많이 늘었다.

哇塞 (감) 와우 / 你 (대) 너 / 的 (조) ~의 / 中文 (명) 중국어 / 了 동사나 형용사 뒤에 쓰여 동작 또는 변화가 완료되었음을 나타냄 / 很 (부) 매우 / 多 (형) 많다

听
HSK1

[tīng]
→
팅

(동) 듣다

팅~ 기타 치는 소리가 **들리네**.

你听过韩国歌吗?
Nǐ tīng guò hánguógē ma?
너 한국 노래 들어본 적 있어?

你 (대) 너 / 过 (조) ~한 적 있다 / 韩国歌 한국 노래 / 吗 의문을 나타냄

提前
HSK4

[tíqián]
↗ ↗
티 치앤

(동) (예정된 시간이나 기한을) 앞당기다

앞당겨서 미리 방학 동안 바짝 쪼아서 **티치**(Teach)해 줘, **앤**(얘는).

有在釜山站下车的乘客, 请提前做好准备。
Yǒu zài fǔshānzhàn xiàchē de chéngkè, qǐng tíqián zuòhǎo zhǔnbèi.
부산역에서 내리실 손님께서는 미리 준비하시기 바랍니다.

有 (동) 있다 / 在 ~에 / 釜山站 부산역 / 下车 (동) 하차하다 / 的 (조) ~의 / 乘客 (명) 승객 / 请 상대방에게 어떤 일을 부탁하거나 권할 때 쓰는 경어 / 做好 (동) 해 놓다 / 准备 (동) 준비하다

HSK4

提醒

[tíxǐng]

↗ ∨

티 싱

[동] 일깨우다, 주의를 주다

그린 티는 싱싱한 찻잎으로 만들어야 한다고 일깨워준다.

妈妈每天提醒我注意安全。

Māma měitiān tíxǐng wǒ zhùyìānquán.

엄마는 매일 안전에 주의하라고 나에게 일깨워주셨다.

妈妈 [명] 엄마 / 每天 [명] 매일 / 我 [대] 나 / 注意安全 [동] 안전에 주의하다

HSK2

踢足球

[tīzúqiú]

→ ↗ ↗

티 주 치오우

축구를 하다

이번 축구할 때 새로 맞춰 입은 우리 팀 티 좋지요우?

我们正在踢足球。

Wǒmen zhèngzài tīzúqiú.

우리 축구하는 중이야.

我们 [대] 우리 / 正在 [부] 마침 ~하고 있는 중이다

HSK4

通过

[tōngguò]

→ ↘

통 꾸오

[동] 통과하다, 건너가다

닭을 숯불에 통으로 구워! 숯 향이 닭살을 통과해 맛있어.

我通过了这次考试。

Wǒ tōngguò le zhècì kǎoshì.

나 이번 시험 패스했어.

我 [대] 나 / 了 동사나 형용사 뒤에 쓰여 동작 또는 변화가 완료되었음을 나타냄 / 这次 [명] 이번 / 考试 [명] 시험

HSK4

推

[tuī]

→

투에이

[동] 밀다

억지로 등 떠밀어 번지점프를 시켰더니 재 토해이?

快递员把东西推在家里。

Kuàidìyuán bǎ dōngxi tuī zài jiā lǐ.

택배기사가 물건을 집 안까지 밀어 넣었다.

快递员 [명] 택배기사 / 把 ~를 / 东西 [명] 물건 / 在 ~에 / 家 [명] 집 / 里 [명] 안

脱

[tuō]
→
투오

통 벗다, 제거하다

일본군은 **투옥**된 독립투사의 옷을 <u>벗겨</u> 고문했다.

我爸爸把袜子乱脱了。
Wǒ bàba bǎ wàzi luàn tuō le.
아빠는 양말을 아무렇게나 벗어놓으셨다.

我 때 나 / 爸爸 명 아빠 / 把 ~을 / 袜子 명 양말 / 乱 부 제멋대로 / 了 동사나 형용사 뒤에 쓰여 동작 또는 변화가 완료되었음을 나타냄

玩

[wán]
↗
완

통 놀다

완구를 가지고 <u>노는</u> 아이

我想去上海玩。
Wǒ xiǎng qù shànghǎi wán.
나는 상하이에 가서 한번 놀고 싶다.

我 때 나 / 想 통 바라다 / 去 통 가다 / 上海 명 상하이

忘记

[wàngjì]
↘ ↘
왕 찌

통 잊어버리다

너 숙제 해**왕찌**? 설마 **잊어버렸어**?

我常常忘记带我的书过来。
Wǒ chángcháng wàngjì dài wǒ de shū guòlái.
나는 가끔 책 가져오는 걸 까먹어.

我 때 나 / 常常 부 종종 / 带 통 지니다 / 的 조 ~의 / 书 명 책 / 过来 통 오다

35 Day

HSK2

问

학생들이 원으로 둘러앉아 궁금한 것을 물어보고 답하다.

[wèn]
↘
원

[동] 묻다

你去问他吧。
Nǐ qù wèn tā bā.
걔한테 가서 물어봐.
你 [대] 너 / 去 [동] 가다 / 他 [대] 그 / 吧 문장의 끝에 쓰여 제의·청구·명령·독촉을 나타냄

HSK4

无聊

심심한데 우리 뭐 하지? 아오~

[wúliáo]
↗ ↗
우 리아오

[형] 지루하다, 심심하다

一整天在家里很无聊。
Yìzhěngtiān zài jiā lǐ hěn wúliáo.
하루 종일 집에 있으면 너무 따분해.
一整天 [명] 하루 종일 / 在 ~에 / 家 [명] 집 / 里 [명] 안 / 很 [부] 매우

HSK4

污染

우라늄은 생태계를 오염시키는 방사선 물질 중의 하나다.

[wūrǎn]
→ ∨
우 란△

[동] 오염되다, 오염시키다

世界的环境污染得太厉害了。
Shìjiè de huánjìngwūrǎn de tài lìhai le.
세계 환경오염이 매우 심각하다.
世界 [명] 세계 / 的 [조] ~의 / 环境污染 [명] 환경오염 / 得 [조] 동사나 형용사의 뒤에 쓰여 결과나 정도를 표시하는 보어를 연결 / 太…了 [부] 너무 ~하다 / 厉害 [형] 심하다

响

[xiǎng]

∨

시앙

동 울리다, 소리가 나다

시안 진시황릉에 가면 병사와 말소리가 울려 퍼지는 듯 하다.

学校的钟声响起来了。

Xuéxiào de zhōngshēng xiǎng qǐlái le.

학교 종소리가 울리기 시작했다.

学校 명 학교 / 的 조 ~의 / 钟声 명 종소리 / 起来 동사나 형용사 뒤에 붙어, 동작이나 상황이 시작되고 또한 계속됨을 나타냄 / 了 문장의 끝에 쓰여 새로운 상황의 출현을 표시함

羡慕

[xiànmù]

↘ ↘

시앤 무

동 부러워하다

치킨에 시원한 무까지 먹다니 너무 부럽다.

你通过了吗? 我很羡慕你。

Nǐ tōngguò le ma? wǒ hěn xiànmù nǐ.

너 패스했어? 너무 부럽다.

你 대 너 / 通过 동 통과하다 / 了 동사나 형용사 뒤에 쓰여 동작 또는 변화가 완료되었음을 나타냄 / 吗 의문을 나타냄 / 我 대 나 / 很 부 너무

笑

[xiào]

↘

시아오

동 웃다

"또 쉬했어? 아오~" 엄마 속도 모르고 방긋 웃는 아기

我一看他就笑起来了。

Wǒ yí kàn tā jiù xiào qǐlái le.

나는 걔를 보자마자 웃음이 나왔다.

我 대 나 / 一…就 ~하자마자 바로 ~하다 / 看 동 보다 / 他 대 그 / 起来 동사나 형용사 뒤에 붙어 동작이나 상황이 시작되고 또한 계속됨을 나타냄 / 了 문장의 끝에 쓰여 새로운 상황의 출현을 표시함

笑话

[xiàohua]

↘

시아오 후아

동 비웃다, 조롱하다

지금 몇 시야? 오후야? 늦잠 잤다고 비웃지 마.

不要笑话我。

Búyào xiàohua wǒ.

비웃지 마.

不要 부 ~하지마라 / 我 대 나

HSK1

写

[xiě]
∨
시에

[동] 쓰다

적어도 5시에는 보고서 써서 제출하세요.

我在书上写我的名字。
Wǒ zài shū shàng xiě wǒ de míngzi.
책 위에 내 이름을 적었다.
我 [대] 나 / 在 ~에 / 书 [명] 책 / 上 [명] 위 / 的 [조] ~의 / 名字 [명] 이름

원준쌤의 중국어 팁! – 끄적끄적에 대한 미묘한 차이?

写라는 단어는 종이에 쓰는 거나 양식을 채우는 것 또한 다 사용 가능하다고 하는데요. 어딘가 기입해 넣는다는 표현으로 填写[tiánxiě 티앤시에]도 많이 들리는 것 같아요. 제가 중국 회사에 입사했을 때 작성한 서류라든지 출입국 때 작성하는 신고서를 기입할 때는 写라는 단어보다 훨씬 더 자주 들리더라고요. 무작정 쓰는 게 아닌 일정한 양식에 기입을 해 써 넣을 땐 중국인들이 이 단어를 자주 언급합니다.

HSK1

喜欢

[xǐhuan]
∨
시 후안

[동] 좋아하다

강호동 아들 시후는 안아주는 걸 좋아한다.

你喜欢什么样的人?
Nǐ xǐhuan shénmeyàng de rén?
당신은 어떤 사람을 좋아합니까?
你 [대] 너 / 什么样 [대] 어떠한 / 的 [조] ~의 / 人 [명] 사람

HSK4

醒

[xǐng]
∨
싱

[동] 깨다

속도를 싱싱 내는 차를 타면 잠이 확 깬다.

吃什么东西可以醒酒呢?
Chī shénme dōngxi kěyǐ xǐngjiǔ ne?
뭘 먹어야 술이 깨냐?
吃 [동] 먹다 / 什么 [대] 무슨 / 东西 [명] 음식 / 可以 [동] ~할 수 있다 / 醒酒 [동] 술이 깨다 / 呢 의문문의 끝에 써서 의문을 나타냄

兴奋

[xīngfèn]

→ ↘

싱 펀◇

(형) 흥분하다

스키의 씽~ 속도에 fun(재미)을 느끼며 <u>흥분하다</u>.

我们明天可以去旅游吗? 好兴奋!

Wǒmen míngtiān kěyǐ qù lǚyóu ma? Hǎo xīngfèn!

우리 내일 여행 갈 수 있어? 너무 신난다!

我们 (대) 우리 / 明天 (명) 내일 / 可以 (동) ~할 수 있다 / 去 (동) 가다 / 旅游 (명) 여행 / 吗
의문을 나타냄 / 好 (부) 아주

修理

[xiūlǐ]

→ ∨

시오우 리

(동) 수리하다, 고치다

이 정도 고장 난 제품은 <u>수리하기</u> 엄청 <u>쉬우리</u>.

我收到了修理空调的报价单。

Wǒ shōudào le xiūlǐ kōngtiáo de bàojiàdān.

에어컨 수리 견적서를 받았어.

我 (대) 나 / 收到 (동) 받다 / 了 동사나 형용사 뒤에 쓰여 동작 또는 변화가 완료되었음을
나타냄 / 空调 (명) 에어컨 / 的 (조) ~의 / 报价单 (명) 견적서

吸引

[xīyǐn]

→ ∨

시 인

(동) 끌어당기다, 유인하다

시인은 글로써 사람 감정을 <u>끌어당긴다</u>.

为什么韩流能吸引人们的关心?

Wèishénme hánliú néng xīyǐn rénmen de guānxīn?

왜 한류가 사람들의 관심을 끌죠?

为什么 (대) 왜 / 韩流 (명) 한류 / 能 (동) ~할 수 있다 / 人们 (명) 사람들 / 的 (조) ~의 / 关心
(명) 관심

HSK3

洗澡

[xǐzǎo]

∨ ∨

시 자오

[동] 목욕하다

애들아, 아빠랑 목욕하자~ 얼른 씻자요~

我一般用温水洗澡。

Wǒ yìbān yòng wēnshuǐ xǐzǎo.

나는 보통 온수로 샤워를 한다.

我 [대] 나 / 一般 [부] 일반적 / 用 [동] 사용하다 / 温水 [명] 온수

HSK4

许多

[xǔduō]

∨ →

쉬 뚜오

[형] 너무 많다, 상당하다

쉿! 두 오줌싸개! 어디서 잘했다고 말이 너무 많아?

我有许多爱好。

Wǒ yǒu xǔduō àihào.

나 취미 많아.

我 [대] 나 / 有 [동] 있다 / 爱好 [명] 취미

HSK1

学习

[xuéxí]

↗ ↗

쉬에 시

[동] 공부하다

감수성이 풍부한 SES 슈 애가 시 짓기 공부를 시작했다.

韩国学生们如何学习?

Hánguó xuéshengmen rúhé xuéxí?

한국 학생들은 어떻게 공부해요?

韩国 [명] 한국 / 学生们 학생들 / 如何 [대] 어떻게

HSK4

养成

[yǎngchéng]

∨ ↗

양 청

[동] 양성하다, 기르다

양치기와 청개구리를 착한 사람으로 양성하는 프로젝트 실시!

我已经养成了早睡的好习惯。

Wǒ yǐjīng yǎngchéng le zǎoshuì de hǎoxíguàn.

나는 이미 일찍 자는 좋은 습관을 길렀다.

我 [대] 나 / 已经 [부] 이미 / 了 동사나 형용사 뒤에 쓰여 동작 또는 변화가 완료되었음을 나타냄 / 早睡 [동] 일찍 자다 / 的 [조] ~의 / 好习惯 좋은 습관

严重

[yánzhòng]
↗ ↘
얜 쫑

(형) 심각하다

얜 쯤 상황이 **심각해**.

我的感冒越来越严重。
Wǒ de gǎnmào yuèláiyuè yánzhòng.
감기가 점점 심해지고 있어.

我 (대) 나 / 的 (조) ~의 / 感冒 (명) 감기 / 越来越 (부) 점점, 갈수록

원준쌤의 중국어 팁! – 점점 더 멀어지나 봐~ ♪

'점점', '더욱더'라는 의미로 越来越[yuèláiyuè 위에라이위에]라는 단어가 많이 쓰입니다. 예를 들어 越来越大 [yuèláiyuè dà 위에라이위에 따] '갈수록 커지네', 越来越白[yuèláiyuè bái 위에라이위에 바이] '점점 하얘져'와 같이 쓸 수 있어요. 다양한 상황에 적용할 수 있으니 잘 익혀두시기 바랍니다!

要

[yào]
↘
야오

(동) 바라다, ~할 것이다, ~해야
한다

야호! 바라던 소원이 이뤄졌어!

你要什么生日礼物？
Nǐ yào shénme shēngrìlǐwù?
너 생일선물로 뭘 원해?

你 (대) 너 / 什么 (대) 무엇 / 生日礼物 (명) 생일선물

赢

[yíng]
↗
잉

(동) 이기다

잉? 내가 이긴 거야?

我们赢了这次足球比赛。
Wǒmen yíng le zhècì zúqiúbǐsài.
우리는 이번 축구 경기에서 이겼어.

我们 (대) 우리 / 了 동사나 형용사 뒤에 쓰여 동작 또는 변화가 완료되었음을 나타냄 /
这次 (명) 이번 / 足球比赛 축구 경기

HSK4
引起

[yǐnqǐ]
∨ ∨
인 치

동 야기하다, 일으키다

건축 설계는 몇 **인치**라도 어긋나면 심각한 상황을 <u>일으켜</u>.

我引起了她的关心。
Wǒ yǐnqǐ le tā de guānxīn.
나는 그 애의 관심을 이끌어냈다.
我 때 나 / 了 동사나 형용사 뒤에 쓰여 동작 또는 변화가 완료되었음을 나타냄 / 她 때
그녀 / 的 조 ~의 / 关心 명 관심

HSK3
用

[yòng]
↘
용

동 사용하다

이 제품은 다른 **용도로** <u>사용하시면</u> 안 됩니다.

我已经用上全力了。
Wǒ yǐjīng yòngshàng quánlì le.
나는 이미 전력을 다했다.
我 때 나 / 已经 부 이미 / 用上 동 사용하다 / 全力 명 전력 / 了 어떤 상황이 이미 출
현했음을 나타냄

HSK4
幽默

[yōumò]
→ ↘
요우 모어

형 익살맞다, 유머러스하다

유모가 **익살맞은** 표정으로 아기를 즐겁게 해준다.

我的朋友是个幽默的人。
Wǒ de péngyou shì gè yōumò de rén.
내 친구는 엄청 웃긴 애다.
我 때 나 / 的 조 ~의 / 朋友 명 친구 / 是 동 ~이다 / 个 양 사람을 셀 때 쓰는 양사 / 人
명 사람

HSK4

有趣

"요 이놈 취했네!"라며 취한 친구를 보며 재밌어한다.

[yǒuqù]
∨ ↘
요우 취

[형] 재미있다, 흥미롭다

这个游戏很有趣。
Zhège yóuxì hěn yǒuqù.
이 게임 정말 재밌어.
这个 [대] 이것 / 游戏 [명] 게임 / 很 [부] 정말

HSK4

优秀

"요~ 이런거 쉬워" 가장 우수한 학생이 쉽게 해결하다.

[yōuxiù]
→ ↘
요우 시오우

[형] 우수하다, 뛰어나다

我朋友是一个成绩优秀的学生。
Wǒ péngyou shì yí gè chéngjī yōuxiù de xuésheng.
내 친구는 성적이 뛰어난 학생이다.
我 [대] 나 / 朋友 [명] 친구 / 是 [동] ~이다 / 一 하나 / 个 [양] 사람을 셀 때 쓰는 양사 / 成绩 [명] 성적 / 的 [조] ~의 / 学生 [명] 학생

HSK2

游泳

다이어트 요요 방지에는 수영하는 게 좋아.

[yóuyǒng]
↗ ∨
요우 용

[동] 수영하다

你要不要去游泳?
Nǐ yàobúyào qù yóuyǒng?
수영하러 갈래?
你 [대] 너 / 要不要 원하는지 원하지 않는지 / 去 [동] 가다

HSK3

遇到

전 애인을 딱 마주쳐서 급히 내려왔는데 아직 위에 있다오.

[yùdào]
↘ ↘
위 따오

[동] 만나다, 마주치다

我在路上遇到了她。
Wǒ zài lùshàng yùdào le tā.
나는 길에서 그녀를 만났다.
我 [대] 나 / 在 ~에서 / 路上 [명] 길 위 / 了 동사나 형용사 뒤에 쓰여 동작 또는 변화가 완료되었음을 나타냄 / 她 [대] 그녀

HSK4
阅读

[yuèdú]

↘ ↗
위에 두

동 읽다, 보다

중국어 단어를 벽 **위에** 두고 매일 반복하며 **읽는다**.

你正在阅读什么书呢?
Nǐ zhèngzài yuèdú shénme shū ne?
너 무슨 책 읽니?
你 데 너 / 正在 … 呢 부 ~하고 있는 중이다 / 什么 데 무슨 / 书 명 책

HSK4
约会

[yuēhuì]

→ ↘
위에 후에이

동 만날 약속을 하다

여기 **위에** 후에이실(회의실)에서 **만날 약속을 잡았어.**

周末我跟女朋友约会了。
Zhōumò wǒ gēn nǚpéngyou yuēhuì le.
주말에 나는 여자 친구랑 만날 약속을 했다.
周末 명 주말 / 我 데 나 / 跟 접 ~와 / 女朋友 명 여자 친구 / 了 동사나 형용사 뒤에 쓰여 동작 또는 변화가 완료되었음을 나타냄

HSK4
愉快

[yúkuài]

↗ ↘
위 쿠아이

형 유쾌하다, 즐겁다

위가 **꼬**아진 것처럼 아파도 **즐거운** 분위기를 깨기 싫었어.

今天我的心情很愉快。
Jīntiān wǒ de xīnqíng hěn yúkuài.
오늘 나 너무 즐거워.
今天 명 오늘 / 我 데 나 / 的 조 ~의 / 心情 명 심정 / 很 부 아주

HSK1

在

[zài]
↘
짜이

（동）~에 있다

짜이! 차력사들이 옆에 **있는** 도구로 쇼를 하다.

书在桌子上。
Shū zài zhuōzi shàng.
책이 탁자 위에 있다.
书 （명）책 / 桌子 （명）탁자 / 上 （명）위

원준쌤의 중국어 팁! - 카멜레온 같은 在! 넌 대체 뭐야?

在[zài] 짜이] 또한 是[shì 스]처럼 광범위하게 쓰이는 기본 단어 중에 하나인데요. 첫 번째는 在 뒤에 장소 또는 위치를 배치해서 '~에 있다'라는 의미로 널리 쓰여요. 영어로 at, on, in과 같이 전치사 역할을 하는 녀석이라고 보면 될 것 같아요(地铁站在旁边. 지하철역은 옆에 있습니다). 두 번째는 '~하는 중이다'라는 의미로도 쓰이는데요. 영어로 보면 ~ing와 같이 지금 뭘 하고 있는 상태를 이야기할 때 사용됩니다(他在看电视. 그는 TV를 보고 있다. 你在干什么? 너 지금 뭐 하고 있니?).

HSK4

脏

[zāng]
→
짱

（형）더럽다, 지저분하다

아들 방이 돼지우리처럼 **더럽자** 엄마가 **짱** 화났다.

你真脏, 赶紧去洗一下。
Nǐ zhēn zāng, gǎnjǐn qù xǐ yíxià.
너 너무 더러워, 얼른 가서 좀 씻어.
你 （대）너 / 真 （부）정말 / 赶紧 （부）서둘러 / 去 （동）가다 / 洗 （동）씻다 / 一下 좀 ~하다

HSK4

增加

차량이 증가해서 통행을 못할 땐 일단 정지야.

[zēngjiā]

→ →

쩡 지아

[동] 증가하다

听说深圳大学生的人数比去年增加了两倍。
Tīngshuō shēnzhèndàxuéshēng de rénshù bǐ qùnián zēngjiā le liǎngbèi.
듣자 하니 선전대학생 수가 작년에 비해 두 배나 증가했다.
听说 [동] 듣자 하니 ~라고 한다 / 深圳大学生 선전대학생 / 的 [조] ~의 / 人数 [명] 사람 수 / 比 ~에 비해 / 去年 [명] 작년 / 了 동사나 형용사 뒤에 쓰여 동작 또는 변화가 완료되었음을 나타냄 / 两倍 두 배

HSK3

站

문 앞에 쨘 하고 음식을 들고 나타난 배달원이 서 있다.

[zhàn]

↘

쨘

[동] 서다

我站在老师旁边。
Wǒ zhàn zài lǎoshī pángbiān.
나는 선생님 옆에 서 있었다.
我 [대] 나 / 在 [동] ~에 있다 / 老师 [명] 선생님 / 旁边 [명] 옆

HSK4

占线

애인과 통화 중에 다퉈 전시와 같은 상황엔 답이 없다.

[zhànxiàn]

↘ ↘

쨘 시앤

[동] 통화 중이다

我男朋友的电话一直占线。
Wǒ nánpéngyou de diànhuà yìzhí zhànxiàn.
남자친구는 계속 통화 중이다.
我 [대] 나 / 男朋友 [명] 남자친구 / 的 [조] ~의 / 电话 [명] 전화 / 一直 [부] 계속해서

HSK4

照

걔 또 수업 시간에 자요! 사진 찍어서 선생님께 일러야지.

[zhào]

↘

쨔오

[동] (사진, 영화를) 찍다, 비추다

哇塞, 你这张照片照得很棒。
Wāsài, nǐ zhè zhāng zhàopiàn zhào de hěn bàng.
와우, 이거 정말 잘 찍었다.
哇塞 [감] 와우 / 你 [대] 너 / 这 [대] 이 / 张 [양] 사진을 셀 때 쓰는 양사 / 照片 [명] 사진 / 得 [조] 동사나 형용사의 뒤에 쓰여 결과나 정도를 표시하는 보어를 연결 / 很 [부] 아주 / 棒 [형] 훌륭하다

着急

[zháojí]

↗ ↗
쟈오 지

휑 초조하다, 조급하다

좀 있다가 **쟈 오지**(재 오지)? 안 올까 봐 **초조해**.

别着急, 慢慢说。
Bié zháojí, mànman shuō.
조급해하지 말고 천천해 얘기해봐.
别 튄 ~하지 마라 / 慢慢 튄 천천히 / 说 튕 말하다

正常

[zhèngcháng]

↘ ↗
쩡 챵

휑 정상이다

UFC **정찬**성과 격투기하면 우린 못 이기는 게 **정상이다**.

最近我的身体很正常, 非常好。
Zuìjìn wǒ de shēntǐ hěn zhèngcháng, fēicháng hǎo.
요즘 내 몸이 아주 정상이야, 너무 좋아.
最近 휑 최근 / 我 때 나 / 的 죄 ~의 / 身体 휑 신체 / 很 튄 매우 / 非常 튄 대단히 / 好
휑 좋다

正确

[zhèngquè]

↘ ↘
쩡 취에

휑 올바르다, 정확하다

"너희들 **올바르게 정치해!**" 하면서 표를 던지는 유권자들

谁知道正确的答案?
Shéi zhīdào zhèngquè de dáàn?
누구 정확한 답 아는 사람 있어?
谁 때 누구 / 知道 튕 알다 / 的 죄 ~의 / 答案 휑 답안

真正

[zhēnzhèng]

→ ↘
쩐 쩡

휑 진정한, 참된

전 정말 사랑했다고요! **진정한** 사랑이었어요!

你做的那个菜真正好吃。
Nǐ zuò de nàge cài zhēnzhèng hǎochī.
네가 만든 그 요리 진짜 맛있네.
你 때 너 / 做 튕 하다 / 的 죄 ~의 / 那个 때 그 / 菜 휑 음식 / 好吃 휑 맛있다

39 Day

HSK2

知道

[zhīdào]

→ ↘

쯔△ 따오

[동] 알다, 이해하다

나도 잘 아니까 나 살 쯔따고(쪘다고) 그만 말해.

你知道她现在在哪里吗?

Nǐ zhīdào tā xiànzài zài nǎlǐ ma?

너 지금 걔 어딨는 줄 알아?

你 [대] 너 / 她 [대] 그녀 / 现在 [명] 지금 / 在 [동] ~에 있다 / 哪里 [대] 어디 / 吗 의문을 나타냄

HSK4

重

[zhòng]

↘

쫑

[동] 무겁다

무거운 종을 낑낑거리며 옮긴다.

我的体重比他重多。

Wǒ de tǐzhòng bǐ tā zhòng duō.

걔보다 내가 더 무거워.

我 [대] 나 / 的 [조] ~의 / 体重 [명] 체중 / 比 ~보다 / 他 [대] 그 / 多 [형] 많다, 과다하다

HSK1

住

[zhù]

↘

쮸

[동] 살다

내가 살고 있는 동네 편의점에서 쮸쮸바 세일해.

你在哪里住呢?

Nǐ zài nǎlǐ zhù ne?

너 어디에 사니?

你 [대] 너 / 在 ~에 / 哪里 [대] 어디 / 呢 의문을 나타냄

著名

[zhùmíng]
↘ ↗
쮸 밍

(형) 유명하다

유명 연예인이 같은 아파트에 살면 주민들의 관심을 받지.

我的教授是著名的学者。
Wǒ de jiàoshòu shì zhùmíng de xuézhě.
우리 교수님은 저명한 학자야.
我 (대) 나 / 的 (조) ~의 / 教授 (명) 교수 / 是 (동) ~이다 / 学者 (명) 학자

准确

[zhǔnquè]
∨ ↘
쥰 취에

(형) 확실하다, 정확하다

소주랑 맥주를 섞어 마시면 확실히 원준이는 취해!

你的汉语发音非常准确。
Nǐ de hànyǔ fāyīn fēicháng zhǔnquè.
너 중국어 발음 되게 정확하다.
你 (대) 너 / 的 (조) ~의 / 汉语 (명) 중국어 / 发音 (명) 발음 / 非常 (부) 매우

自然

[zìrán]
↘ ↗
쯔 란△

(형) 자연스럽다

아침에 일어나서 자연스럽게 침대를 가즈란히 정리하다.

很奇怪, 今天你的行动不自然。
Hěn qíguài, jīntiān nǐ de xíngdòng búzìrán.
너무 이상해, 너 오늘 행동이 부자연스러워.
很 (부) 너무 / 奇怪 (형) 이상하다 / 今天 (명) 오늘 / 你 (대) 너 / 的 (조) ~의 / 行动 (명) 행동 /
不自然 (형) 부자연스럽다

租

[zū]
→
주

(동) 세내다, 세주다

세를 낼 땐 집주인과 바로 거래해야 한다.

不错! 我要租这个房子。
Búcuò! wǒ yào zū zhège fángzi.
괜찮네! 나 이 집 세낼래.
不错 (형) 괜찮다 / 我 (대) 나 / 要 (동) 바라다 / 这个 (대) 여기 / 房子 (명) 집

最好

[zuìhǎo]

↘ ↘ ↗
쭈에이 하오

(형) 제일 좋다

사장들이 **제일 좋다**고 여기는 것은 '주말에도 일하오'

我们**最好**明天过去的。
Wǒmen zuìhǎo míngtiān guòqù de.
내일 가는게 제일 낫겠다.
我们 (대) 우리 / 明天 (명) 내일 / 过去 (동) 가다 / 的 (조) 명사화시킴

坐

[zuò]

↘
쭈오

(동) (교통수단 등) 타다, 앉다

영어 선생님이 **앉아** 있는 수강생에게 **주어**를 가르친다.

我现在**坐**着上课。
Wǒ xiànzài zuò zhe shàngkè.
나 지금 앉아서 수업 듣는 중이야.
我 (대) 나 / 现在 (명) 지금 / 着 (조) ~하고 있는 중이다 / 上课 (동) 수업하다

做

[zuò]

↘
쭈오

(동) 만들다, 하다

내가 **만들어**줬던 것들 다시 돌려**주오**.

请帮我**做**一下。
Qǐng bāng wǒ zuò yíxià.
이것 좀 도와주세요.
请 상대방에게 어떤 일을 부탁하거나 권할 때 쓰는 공손한 표현 / 帮 (동) 돕다 / 我 (대) 나 / 一下 좀 ~하다

한국인이 보는 멀고도 가까운
차이나는 차이니즈~

중국과 인연이 닿아 맨땅에서 공부를 시작했을 때 느꼈던 것이 있다. 중국은 한국인이 공부하기에는 정말 좋은 환경으로 이루어져 있다는 점이다. 한마디로 중국인에게 한국과 한국인이라는 존재는 여전히 신비, 동경 그리고 세련된 느낌이라는 인상이 강했다. 물론 중국 몇십 억 인구 중엔 다양한 사람이 있으니 내 경험들이 모든 중국과 중국인에게 적용될 수는 없지만 전반적인 사회적 풍토와 분위기는 내가 느낀 그대로임은 분명하다.

지금은 K-POP이나 영화 등으로 인해 우리나라의 위상이 세계에 더 뻗어져 나가고 우리나라에 대한 관심이 날로 증대되고 있는 시기다. 그로 인해 한국에 대해 신기해하고 동경하는 문화들이 많이 있기 때문에 중국인이 오히려 한국인과의 접촉을 원한다. 중국이라는 그들의 문화 및 언어를 배우려고 하는 우리 입장에서는 대화할 기회도 많을뿐더러 온 사방이 나의 중국어 선생님이며 내 중국어 연습 상대가 포진되어 있다고 볼 수 있다.

중국인에 대해 의외였던 점 중 하나는 생각보다 수줍음이 굉장히 많았다는 것이다. 우리가 인터넷에서 자주 접하던 단체로 큰소리로 싸우고 항의하고 우주 천장을 뚫을 기세인 그 모습들도 물론 볼 수 있었지만 전반적인 그들의 성향은 수줍으며 적극적이지 않았다.

한 번쯤 이런 경험이 있지 않은가? 외국인과 우연히 함께 있는 자리에서 말은 걸고 싶지만 선뜻 먼저 말을 걸거나 입 밖으로 영어가 나오지 않아

망설였는데, 오히려 그 외국인이 서툰 한국말로 말을 걸어왔을 때 오묘하게 기분이 좋고, 몇 마디 나눈 후 여운이 남던 그런 느낌 말이다. 중국에서도 마찬가지로 내가 먼저 서툰 중국말로 중국인에게 다가갔을 때 그들의 모습은 내가 처음 외국인과 대면할 때의 모습과 다르지 않았다.

내가 중국 회사에 입사했을 때 분위기도 그랬다. 분명히 내가 보기에 '나한테 말 걸고 싶구나' 하는 곁눈질을 많이 느꼈는데 실제로 먼저 말을 걸어온 적은 많지 않았다. 내가 먼저 다가서면 그제야 비로소 아주 살갑게 대해줬다. 수줍음 많고 하던 그 친구들이 그렇게 말이 많을 줄은 미처 몰랐지만 말이다. 지금도 여전히 위챗(중국 최대 모바일 메신저)으로 친구들과 즐겁게 서로 안부를 주고받고 있다.

Part 3

비즈니스와 출장 때 쓰는
기본 동사·형용사

安排

[ānpái]
→ ↗
안 파이

(동) 배치하다, 안배하다

그릇 **안**에 **파이** 담아놨어. 테이블에 예쁘게 **배치**하렴.

我给你安排滴滴出行。
Wǒ gěi nǐ ānpái dīdīchūxíng.
차 불러줄게요.

我 (대) 나 / 给 (동) 주다 / 你 (대) 너 / 滴滴出行 중국 차량 호출 앱

帮助

[bāngzhù]
→ ↘
빵 쮸

(동) 돕다, 도와주다

빵주인이 굶고 있는 불쌍한 장발장을 **돕는다**.

谢谢你帮助我。
Xièxie nǐ bāngzhù wǒ.
날 도와줘서 고마워요.

谢谢 (동) 감사하다 / 你 (대) 너 / 我 (대) 나

帮忙

[bāngmáng]
→ ↗
빵 망

(동) 돕다, 도와주다

장발장을 **도와주나** 우유 없이 **빵만** 준다.

谢谢你的帮忙。
Xièxie nǐ de bāngmáng.
당신의 도움에 감사드립니다.

谢谢 (동) 감사하다 / 你 (대) 너 / 的 (조) ~의

帮忙과 帮助는 '도와주다'라는 의미의 단어인데요. 문법적으로 帮忙은 이합 동사, 帮助는 일반 동사라고 분류합니다. 帮忙은 뒤에 목적어가 올 수가 없고, 帮助는 이합 동사가 아니므로 帮과 助를 쪼갤 수 없다고 합니다. 음, 역시 문법적으로는 잘 와닿지가 않죠? 그럼 이것만 기억하고 넘어가자고요. Part 1에서 나왔던 适合와 合适를 기억하시나요? 그 단어들과 유사하다고 보시면 됩니다. 帮助 뒤에는 我[wǒ 워] '나', 你[nǐ 니] '너'와 같은 대명사가 올 수가 있으나 帮忙 뒤에는 아무것도 올 수 없습니다.

HSK3

饱

[bǎo]
∨
빠오

휑 배부르다

샤오롱**바오**를 두 개만 먹었는데도 <u>배부르다</u>.

我吃饱了。
Wǒ chī bǎo le.
나 배불러.

我 떼 나 / 吃 동 먹다 / 了 어떤 상황이 이미 출현했음을 나타냄

HSK5

把握

[bǎwò]
∨ ↘
빠 워

동 (손으로 꽉 움켜) 잡다, 쥐다

슈퍼 **파워**를 손에 <u>쥐고</u> 지구를 구해주는 히어로들

我们要把握好机会。
Wǒmen yào bǎwò hǎo jīhuì.
좋은 기회를 잘 잡아야 해요.

我们 떼 우리 / 要 동 ~해야 한다 / 好 휑 좋다 / 机会 똉 기회

HSK2

比

[bǐ]
∨
비

동 비교하다, ~보다

BTS는 세계적 가수와 <u>비교될</u> 만큼 위상이 높아졌다.

今年的销售额比去年增加了两倍。
Jīnnián de xiāoshòué bǐ qùnián zēngjiā le liǎngbèi.
올해 매출이 작년보다 두 배가량 증가했다.

今年 똉 올해 / 的 죠 ~의 / 销售额 똉 매출액 / 去年 똉 작년 / 增加 동 증가하다 / 了 동사나 형용사 뒤에 쓰여 동작 또는 변화가 완료되었음을 나타냄 / 两倍 두 배

HSK5

编辑

[biānjí]

→ ↗

비앤 지

[동] 편집하다

가수 비가 자꾸 NG를 내자 결국 그 부분은 편집됐다.

编辑部门的工作很忙。

Biānjí bùmén de gōngzuò hěn máng.

편집 부서의 일은 매우 바쁘다.

部门 [명] 부서 / 的 [조] ~의 / 工作 [명] 업무 / 很 [부] 매우 / 忙 [형] 바쁘다

HSK4

表示

[biǎoshì]

∨ ↘

비아오 스△

[동] 나타내다, 가리키다

창문을 가리키며 "비 와? 오 스(수)해가 없기를…."

我对同事的关照表示了感谢。

Wǒ duì tóngshì de guānzhào biǎoshì le gǎnxiè.

나는 동료들의 배려에 감사를 표시했다.

我 [대] 나 / 对 ~에 대하여 / 同事 [명] 회사 동료 / 的 [조] ~의 / 关照 [동] 돌보다 / 了 동사나 형용사 뒤에 쓰여 동작 또는 변화가 완료되었음을 나타냄 / 感谢 [명] 감사

HSK3

比较

[bǐjiào]

∨ ↘

비 지아오

[동] 비교하다 [부] 비교적

옆 직원과 비교하면 나는 너무 비지(Busy)해요. 아오!

我们公司的待遇比较好。

Wǒmen gōngsī de dàiyù bǐjiào hǎo.

우리 회사 대우는 비교적 괜찮아요.

我们 [대] 우리 / 公司 [명] 회사 / 的 [조] ~의 / 待遇 [명] 대우 / 好 [형] 좋다

HSK3

参加

[cānjiā]

→ →

찬 지아

[동] 참가하다, 참여하다

겨울날 야외 행사에 참여해서 손발이 찬 가수 지아

李科长，今天的会议你也参加一下。

Lǐ kēzhǎng, jīntiān de huìyì nǐ yě cānjiā yíxià.

이 과장, 자네도 오늘 회의에 참석하게.

李 [명] 성씨 이 / 科长 [명] 과장 / 今天 [명] 오늘 / 的 [조] ~의 / 会议 [명] 회의 / 你 [대] 너 / 也 [부] 또한 / 一下 좀 ~하다

41 Day

HSK3

差

[chà]

↘

챠

[형] 다르다 [동] 모자라다

주문한 물품과 **차**이가 많이 나서 **다르다**고 항의하다.

昨天生产的产品质量很差。

Zuótiān shēngchǎn de chǎnpǐn zhìliàng hěn chà.

어제 생산했던 제품 품질이 너무 나빠.

昨天 [명] 어제 / 生产 [동] 생산하다 / 的 [조] ~의 / 产品 [명] 제품 / 质量 [명] 품질 / 很 [부] 매우

HSK2

唱歌

[chànggē]

↘ →

챵 그어

[동] 노래를 부르다

전쟁을 멈추고 **창**을 **거**두어 화합의 **노래를 부르자**.

我们吃饭后去KTV唱歌, 好不好?

Wǒmen chīfàn hòu qù KTV chànggē, hǎobùhǎo?

우리 밥 먹고 나서 KTV 가서 노래 불러요, 어때요?

我们 [대] 우리 / 吃饭 [동] 밥을 먹다 / 后 [명] 후 / 去 [동] 가다 / KTV [명] 가라오케, 노래방 / 好不好 어떠한가

HSK5

彻底

[chèdǐ]

↘ ∨

쳐 띠

[형] 철저하다, 빈틈없다

너가 먼저 날 **쳐띠**(쳤다)! CCTV로 **철저히** 확인해봐!

我同事工作得很彻底。

Wǒ tóngshì gōngzuò de hěn chèdǐ.

내 동료는 빈틈없이 일한다.

我 [대] 나 / 同事 [명] 회사 동료 / 工作 [동] 일하다 / 得 [조] 동사나 형용사의 뒤에 쓰여 결과나 정도를 표시하는 보어를 연결 / 很 [부] 매우

承担

[chéngdān]
↗ →
청 딴

(동) 담당하다, 맡다

고스톱 중 청단이 코앞이자 그것만 노리며 <u>맡는다</u>.

一切费用都我承担。
Yíqiè fèiyòng dōu wǒ chéngdān.
모든 비용은 내가 부담할 거야.
一切 (형) 일체의 / 费用 (명) 비용 / 都 (부) 전부 / 我 (대) 나

承认

[chéngrèn]
↗ ↘
청 런△

(동) 승인하다

결재서류를 들고 청와대 안에서 열심히 런(Run)해서 <u>승인받으러</u> 간다.

客户要求我们的承认书。尽快准备一下。
Kèhù yāoqiú wǒmen de chéngrènshū. jǐnkuài zhǔnbèi yíxià.
고객사에서 우리 사양서를 요구해요. 좀 빨리 준비하세요.
客户 (명) 고객 / 要求 (동) 요구하다 / 我们 (대) 우리 / 的 (조) ~의 / 承认书 (명) 승인서, 사양서 / 尽快 (부) 되도록 빨리 / 准备 (동) 준비하다 / 一下 좀 ~하다

원준쌤의 중국어 팁! - 审核와 承认의 쓰임

중국에서 회사 생활을 하면서 审核[shěnhé 션 흐어] '심의하다'와 承认[chéngrèn 청 런] '승인하다'. 이 두 단어를 많이 접했습니다. 우리나라 회사 결재 라인을 보면, 일반적으로 실무자가 문서 작성 후 팀장급 직원의 중간 결재를 받고 임원 또는 사장의 최종 승인을 받게 되죠. 회사마다 조금씩 차이는 있겠으나 중간 결재에 审核, 최종 승인에 承认을 일반적으로 사용합니다. 承认의 또 다른 쓰임이 있습니다. 위 예문에 나와 있는 承认书 글자 그대로 풀이하자면 승인서라는 문서가 있는데 영어로 Specification과 같은 의미로 사용합니다. 예를 들어 어떤 제품에 관한 제품명, 크기 등 일종의 제품 스펙이 담긴 문서입니다. 바이어 측에서 요구하는 자료 중의 하나죠. 회사 생활을 하면서 접할 수 있는 단어이니 꼭 알아두세요!

乘坐

[chéngzuò]
↗ ↘
청 쭈오

(동) (차, 배 등을) 타다

청주? 오! 거기 공항 있어서 비행기 <u>타고</u> 갈 수 있어!

我每天乘坐公共汽车去上班。
Wǒ měitiān chéngzuò gōnggòngqìchē qù shàngbān.
저는 매일 버스 타고 회사에 출근해요.
我 (대) 나 / 每天 (명) 매일 / 公共汽车 (명) 버스 / 去 (동) 가다 / 上班 (동) 출근하다

HSK1

吃

추수감사절 시기에는 먹을 곡식이 한가득 나온다.

[chī]
→
츠△

[동] 먹다

我喜欢吃意大利面。
Wǒ xǐhuan chī yìdàlìmiàn.
나는 스파게티를 좋아한다.
我 [대] 나 / 喜欢 [동] 좋아하다 / 意大利面 스파게티 ※ 意大利(이탈리아) + 面(면) = 이탈리아 면

HSK5

重复

군대에서 삽이 없으면 총으로라도 땅을 푸(퍼)야죠 반복해서 영차!

[chóngfù]
↗ ↘
총 푸◇

[동] 중복되다, 반복하다

这边的内容重复了。删掉吧。
Zhèbiān de nèiróng chóngfù le. Shāndiào ba.
여기 내용이 중복됐네요. 지우세요.
这边 [대] 여기 / 的 [조] ~의 / 内容 [명] 내용 / 了 동사나 형용사 뒤에 쓰여 동작 또는 변화가 완료되었음을 나타냄 / 删掉 [동] 삭제하다 / 吧 문장의 끝에 쓰여 제의·청구·명령·독촉을 나타냄

HSK4

抽烟

담배 냄새 너무 실쵸우! 앤 담배 피는 거 싫어해요.

[chōuyān]
→ →
쵸우 앤

[동] 담배를 피우다

中国的餐厅里可以抽烟吗?
Zhōngguó de cāntīng lǐ kěyǐ chōuyān ma?
중국의 식당 안에서는 담배 피울 수가 있어요?
中国 [명] 중국 / 的 [조] ~의 / 餐厅 [명] 식당 / 里 [명] 안 / 可以 [동] ~해도 된다 / 吗 의문을 나타냄

HSK5

传播

생김새가 추안 보어(추한 복어)는 숙취 해소 음식으로 퍼뜨려졌어.

[chuánbō]
↗ →
츄안 보어

[동] 전파하다, 퍼뜨리다

你别传播我们公司的消息。
Nǐ bié chuánbō wǒmen gōngsī de xiāoxi.
우리 회사 정보 어디에 퍼뜨리지 마라.
你 [대] 너 / 别 [부] ~하지 마라 / 我们 [대] 우리 / 公司 [명] 회사 / 的 [조] ~의 / 消息 [명] 정보, 소식

42
Day

HSK4

出差

출장을 가면 츄차(주차), 이게 항상 걱정이야.

[chūchāi]

→ →

츄 챠이

[동] 출장 가다

上个星期我来北京出差。

Shànggexīngqī wǒ lái běijīng chūchāi.

나 저번주에 베이징에 출장 왔어.

上个星期 지난주 / 我 [대] 나 / 来 [동] 오다 / 北京 [명] 베이징

원준쌤의 중국어 팁! – 모자(택시 위에 볼록한 등)를 쓰지 않은 차량도 택시라고요?

중국에서는 우리나라 카카오 택시와 비슷한 滴滴[dīdī 띠디]라고 하는 차량 호출 앱을 많이 이용하고 있습니다. 저도 선전에 살면서 滴滴를 알게 된 이후로는 외근 나갈 때나 평상시 정말 많이 이용했는데요. 택시 기사가 아닌 일반인들도 개인 차량으로 수입을 벌기 위해서 滴滴에 등록해 손님을 태우고 다니는 모습이 중국엔 흔하답니다.

HSK4

出现

유명한 가수가 춤을 출 시엔 어느새 팬들이 나타난다.

[chūxiàn]

→ ↘

츄 시앤

[동] 출현하다, 나타나다

这几天困难的情况一直出现了。

Zhèjǐtiān kùnnan de qíngkuàng yìzhí chūxiàn le.

요 며칠 새 곤란한 상황이 계속 생겨났다.

这几天 요 며칠 새 / 困难 [명] 곤란 / 的 [조] ~의 / 情况 [명] 상황 / 一直 [부] 계속해서 / 了 동사나 형용사 뒤에 쓰여 동작 또는 변화가 완료되었음을 나타냄

HSK5

从事

[cóngshì]

↗ ↘
총 스△

[동] ~에 종사하다

저분은 반도체 산업에 종사하면서 재벌 총스(총수)가 됐어.

你从事什么职业?
Nǐ cóngshì shénme zhíyè?
당신은 어떤 일에 종사하시나요?
你 [대] 너 / 什么 [대] 무슨 / 职业 [명] 직업

HSK5

催

[cuī]

→
추에이

[동] 재촉하다, 다그치다

돈을 빨리 갚으라고 재촉하는 저 좀생이 양반 너무 추에이(추해)!

我知道。不要催我。
Wǒ zhīdào. Búyào cuī wǒ.
알았으니까 다그치지 좀 마요.
我 [대] 나 / 知道 [동] 알다 / 不要 [부] ~하지 마라

HSK5

促进

[cùjìn]

↘ ↘
추 진

[동] 촉진하다

제품 수출을 촉진하기 위해 바이어 미팅을 추진했다.

你有没有促进生产的办法?
Nǐ yǒuméiyǒu cùjìn shēngchǎn de bànfǎ?
생산을 촉진시킬 방법이 있나요?
你 [대] 너 / 有没有 있는지 없는지 / 生产 [명] 생산 / 的 [조] ~의 / 办法 [명] 방법

HSK4

存

[cún]

↗
춘

[동] 존재하다, 저장하다

춘(추운)날 곡물이 저장된 창고에 몰래 들어가 잠을 청하는 도망자

仓库里存了很多半成品。
Cāngkù lǐ cún le hěn duō bànchéngpǐn.
창고에 반제품 재고가 많이 쌓여 있다.
仓库 [명] 창고 / 里 [명] 안 / 了 동사나 형용사 뒤에 쓰여 동작 또는 변화가 완료되었음을 나타냄 / 很 [부] 매우 / 多 [형] 많다 / 半成品 [명] 반제품

错

[cuò]

↘

추오

휑 틀리다

선전이 항상 더울 것이란 생각은 틀렸어. 겨울엔 거기도 추워!

我的话一点也没说错。
Wǒ de huà yìdiǎnyě méi shuō cuò.
내 말 틀린 거 하나도 없어요.
我 떼 나 / 的 ㉝ ~의 / 话 몡 말 / 一点也 휑 조금도 / 没错 휑 틀리지 않다 / 说 동 말하다

促使

[cùshǐ]

↘ ∨

추 스△

동 재촉하다, ~하도록 하다

이별한 친구가 마음을 잘 추스릴 수 있도록 위로해줘.

老板促使我们完成这个事情。
Lǎobǎn cùshǐ wǒmen wánchéng zhège shìqíng.
사장님은 우리에게 일을 완성하도록 재촉하셨다.
老板 몡 사장 / 我们 떼 우리 / 完成 동 완성하다 / 这个 떼 이것 / 事情 몡 일

当然

[dāngrán]

→ ↗

땅 란△

휑 당연하다

크리스마스 하면 당연히 딸랑딸랑 종소리가 생각나지!

当然可以喝。来来, 干杯!
Dāngrán kěyǐ hē. láilái, gānbēi!
당연히 마실 수 있죠. 자자, 건배합시다!
可以 동 ~할 수 있다 / 喝 동 마시다 / 来来 깝 자 / 干杯 동 건배하다, 잔을 비우다

到

[dào]

↘

따오

동 도착하다, 도달하다

"체한 것 같은데 손 좀 따오" 아픔이 한계에 도달했다.

我们很快到了办公室。
Wǒmen hěn kuài dào le bàngōngshì.
우리는 사무실에 엄청 빨리 도착했다.
我们 떼 우리 / 很 부 매우 / 快 부 빨리 / 了 동사나 형용사 뒤에 쓰여 동작 또는 변화가 완료되었음을 나타냄 / 办公室 몡 사무실

倒

[dào]

↘

따오

(동) 거꾸로 하다, 붓다

옷을 **거꾸로** 입어**따**, 오빠!

服务员, 请帮我**倒**一杯水。
Fúwùyuán, qǐng bāng wǒ dào yìbēi shuǐ.
(웨이터에게) 저기요, 죄송한데 물 한 잔만 따라주세요.
服务员 (명) 종업원 / 请 상대방에게 어떤 일을 부탁하거나 권할 때 쓰는 정중한 표현 /
帮 (동) 돕다 / 我 (때) 나 / 倒水 (동) 물을 붓다 / 一杯 한 잔

打扰

[dǎrǎo]

∨ ∨

따 라오△

(동) 방해하다, 귀찮게 하다

왜 자꾸 **따라오**면서 **귀찮게 하는** 거야?

你来了吗? 真不好意思, 我**打扰**你了。
Nǐ lái le ma? Zhēn bùhǎoyìsi, wǒ dǎrǎo nǐ le.
당신이 오셨네요? 귀찮게 해서 미안해요.
你 (때) 너 / 来 (동) 오다 / 了 동사나 형용사 뒤에 쓰여 동작 또는 변화가 완료되었음을
나타냄 / 吗 의문을 나타냄 / 真 (부) 정말 / 不好意思 미안합니다 / 我 (때) 나

打印

[dǎyìn]

∨ ↘

따 인

(동) 도장을 찍다, 인쇄하다

계약할 때 서류가 **다** 있나 확인하고 **도장을 찍어야 해**.

我们还没有**打**这张合同**印**。
Wǒmen hái méiyǒu dǎ zhè zhāng hétong yìn.
우리는 이 계약서에는 아직 도장을 찍지 않았다.
我们 (때) 우리 / 还 (부) 아직 / 没有 (부) 아직 ~않다 / 这 (때) 이 / 张 (양) 종이를 셀 때 쓰는
양사 / 合同 (명) 계약서

HSK5

答应

친구가 부탁해서 "알았따잉"이라고 대답했어.

[dāying]
→
따 잉

[동] 대답하다, 승낙하다

你答应我的要求，对吧?
Nǐ dāying wǒ de yāoqiú, duìba?
제 요구 들어주실 거죠, 그렇죠?
你 [대] 너 / 我 [대] 나 / 的 [조] ~의 / 要求 [명] 요구 / 对吧 [감] 확인하면서 되물을 때

HSK4

打招呼

밀양 과수원 아주머니께 인사드리고 사과 따자, 오후에.

[dǎzhāohu]
∨ →
따 쟈오 후

[동] 인사하다

刚才你打招呼的人是我们的老板。
Gāngcái nǐ dǎzhāohu de rén shì wǒmen de lǎobǎn.
방금 당신이 인사한 사람이 우리 사장님이에요.
刚才 [명] 방금 / 你 [대] 너 / 的 [조] ~의 / 人 [명] 사람 / 是 [동] ~이다 / 我们 [대] 우리 / 老板 [명] 사장

원준쌤의 중국어 팁! – 사장님 나이스 샷~

老板[lǎobǎn 라오 빤]은 사전에 '사장, 주인'이라는 의미로 나오는데 실제 비즈니스 관계나 중국 회사에서 사장님을 지칭할 때 总[zǒng 종]이라는 단어를 씁니다. 이 한 글자만 단독으로 쓰이지는 않고 지칭하는 사람의 성을 앞에 붙여서 부르는데요. 예를 들어 이원준 사장님이라고 부른다고 하면 李总[lǐzǒng 리 종]이라고 부릅니다. 제가 다니는 회사에 사장님 성함은 林虹[línhóng 린홍]인데요. 저를 포함한 직원들 모두 일반적으로 林老板[lín lǎobǎn 린 라오 빤]이라 하지 않고 林总[línzǒng 린 종]으로 부릅니다. 참고로 상점이나 가게에 가서는 주인에게 老板이라고 부르면 된답니다.

HSK4

等

집에 아이가 혼자 덩그러니 앉아 엄마를 기다린다.

[děng]
∨
덩

[동] 기다리다

请稍等一下。
Qǐng shāo děng yíxià.
잠시만 기다려 주세요.
请 상대방에게 어떤 일을 부탁하거나 권할 때 쓰는 높임 / 稍 [부] 약간 / 一下 좀 ~하다

HSK5

递

[dì]

↘

띠

[동] 전하다, 건네주다

시험지 받으면 앞사람이 **뒤**로 빠르게 **건네주도록**.

你把那叉子递给我一下。

Nǐ bǎ nà chāzi dìgěi wǒ yíxià.

그 포크 좀 저에게 건네주세요.

你 [대] 너 / 把 ~를 / 那 [대] 그 / 叉子 [명] 포크 / 递给 [동] 건네다 / 我 [대] 나 / 一下 좀 ~하다

HSK4

调查

[diàochá]

↘ ↗

띠아오 챠

[동] 조사하다

수질 **조사**를 위해 손을 담갔는데 **뒤**에 물이 **아오 차**~

今天发生了质量问题。你亲自去调查一下。

Jīntiān fāshēng le zhìliàng wèntí. Nǐ qīnzì qù diàochá yíxià.

오늘 품질 문제가 발생했으니 네가 직접 가서 조사해봐.

今天 [명] 오늘 / 发生 [동] 발생하다 / 了 동사나 형용사 뒤에 쓰여 동작 또는 변화가 완료되었음을 나타냄 / 质量 [명] 품질 / 问题 [명] 문제 / 你 [대] 너 / 亲自 [부] 직접 / 去 [동] 가다 / 一下 좀 ~하다

HSK2

懂

[dǒng]

∨

똥

[동] 알다, 이해하다

똥을 보면 사람의 건강 상태를 **알지**.

我不是很懂中国公司的文化。

Wǒ búshì hěn dǒng Zhōngguó gōngsī de wénhuà.

나는 중국 회사의 문화를 잘 알지 못해요.

我 [대] 나 / 不是 ~이 아니다 / 很 [부] 잘 / 中国 [명] 중국 / 公司 [명] 회사 / 的 [조] ~의 / 文化 [명] 문화

HSK2

对

[duì]

↘

뚜에이

[형] 맞다

TV리모컨에는 **두에이**(AA) 건전지가 들어가는 게 **맞다**.

对! 就是那个。

Duì! Jiùshì nàge.

맞아요! 바로 그거예요.

就是 바로 ~이다 / 那个 [대] 그것

饿

[è]

↘
으어

⟮형⟯ 배고프다

거지가 <u>배가 고파</u> "으억" 하면서 쓰러지다.

肚子很饿。
Dùzi hěn è.
너무 배고파요.
肚子 ⟮명⟯ 배 / 很 ⟮부⟯ 매우

发愁

[fāchóu]

→ ↗
파◇ 쵸우

⟮동⟯ 걱정하다, 근심하다

마당에서 <u>파초</u>를 키우는데 비가 오지 않아 <u>걱정이다</u>.

别太发愁了。一切都会好的。
Bié tài fāchóu le. Yíqiè dōu huì hǎo de.
너무 걱정하지 마요. 다 잘될 거예요.
别 ⟮부⟯ ~하지 마라 / 太…了 너무 ~하다 / 一切 ⟮명⟯ 모든 것 / 都 ⟮부⟯ 모두 / 会 ⟮동⟯ ~할 것
이다 / 好 ⟮형⟯ 괜찮다, 좋다 / 的 ⟮조⟯ 명사화시킴

方便

[fāngbiàn]

→ ↘
팡◇ 비앤

⟮형⟯ 편리하다

<u>황비홍</u>을 기억할 때엔 대머리를 연상하는 게 <u>편리하다</u>.

我觉得深圳的交通非常方便。
Wǒ juéde shēnzhèn de jiāotōng fēicháng fāngbiàn.
제 생각에 선전의 교통은 정말 편리한 것 같아요.
我 ⟮대⟯ 나 / 觉得 ⟮동⟯ ~라고 생각하다 / 深圳 ⟮명⟯ 선전 / 的 ⟮조⟯ ~의 / 交通 ⟮명⟯ 교통 / 非常
⟮부⟯ 매우

放心

[fàngxīn]

팡◇ →
팡◇ 신

(동) 안심하다, 마음을 놓다

마음 놓고 팡팡 뛸 땐 맨발보단 신을 신고!

我已经忘了, 你放心。
Wǒ yǐjīng wàngle, nǐ fàngxīn.
나 이미 잊었어요, 안심하세요.
我 (대) 나 / 已经 (부) 이미 / 忘了 잊다 / 你 (대) 너

烦恼

[fánnǎo]

판◇ 나오

(형) 걱정하다, 괴롭다

이 물건 다 판 다음 나오는 수익이 어떨지 걱정된다.

你怎么了, 有什么烦恼?
Nǐ zěnmele, yǒu shénme fánnǎo?
왜 그래요, 무슨 고민 있어요?
你 (대) 너 / 怎么了 무슨 일이냐 / 有 (동) 있다 / 什么 (대) 무슨

翻译

[fānyì]

판◇ 이

(동) 통역하다, 번역하다

너가 통역한 거랑 구글 번역기랑 너무 판이하잖아!

我翻译了一张报告书。
Wǒ fānyì le yì zhāng bàogàoshū.
나는 보고서 한 장을 번역했어.
我 (대) 나 / 了 동사나 형용사 뒤에 쓰여 동작 또는 변화가 완료되었음을 나타냄 / 一 하나 / 张 (양) 종이를 셀 때 쓰는 양사 / 报告书 (명) 보고서

发现

[fāxiàn]

파◇ 시앤

(동) 발견하다, 알아차리다

팔 시엔(8시엔) 밥을 해야 한다는 걸 알아차린 주부

我发现了便利店在酒店旁边。
Wǒ fāxiàn le biànlìdiàn zài jiǔdiàn pángbiān.
호텔 옆에 편의점이 있는 걸 발견했다.
我 (대) 나 / 了 동사나 형용사 뒤에 쓰여 동작 또는 변화가 완료되었음을 나타냄 / 便利店 (명) 편의점 / 在 ~에 / 酒店 (명) 호텔 / 旁边 (명) 옆

HSK4

符合

[fúhé]

↗ ↗
푸◇ 흐어

[동] 부합하다, 일치하다

푸허허! 범인의 지문과 **일치한다는** 결과로 호탕하게 웃는 형사

这产品**符合**客户的要求。
Zhè chǎnpǐn fúhé kèhù de yāoqiú.
이 제품은 고객의 요구에 부합합니다.
这 [대] 이것 / 产品 [명] 제품 / 客户 [명] 고객 / 的 [조] ~의 / 要求 [명] 요구

HSK3

附近

[fùjìn]

↘ ↘
푸◇ 찐

[형] 근처의, 부근의

후진할 땐 **근처**에 사람이 있는지 보면서 조심히!

酒店**附近**有一个公园。
Jiǔdiàn fùjìn yǒu yígè gōngyuán.
호텔 근처에 공원이 하나 있어요.
酒店 [명] 호텔 / 有 [동] 있다 / 一个 하나 / 公园 [명] 공원

HSK4

负责

[fùzé]

↘ ↗
푸◇ 즈어

[동] 책임이 있다

푸쳐핸썹! **책임지고** 재미있는 공연 보여줄게!

我**负责**生产和品质。
Wǒ fùzé shēngchǎn hé pǐnzhì.
저는 생산과 품질 담당이에요.
我 [대] 나 / 生产 [명] 생산 / 和 [접] ~과 / 品质 [명] 품질

改变

HSK4

[gǎibiàn]
∨ ↘
까이 비앤

통 변하다, 바뀌다

얼른 까봐! 이 비엔나소시지 색이 변해 있어!

我们公司的环境改变了很多。
Wǒmen gōngsī de huánjìng gǎibiàn le hěn duō.
우리 회사 환경이 많이 바뀌었다.
我们 떼 우리 / 公司 몡 회사 / 的 조 ~의 / 环境 몡 환경 / 了 동사나 형용사 뒤에 쓰여
동작 또는 변화가 완료되었음을 나타냄 / 很 ㈜ 매우 / 多 혱 많다

改革

HSK5

[gǎigé]
∨ ↗
까이 끄어

통 개혁하다

까이꺼(까짓것), 이참에 확 개혁해보자!

听说老板将进行改革公司系统。
Tīngshuō lǎobǎn jiāng jìnxíng gǎigé gōngsī xìtǒng.
들어보니 사장님이 곧 회사 시스템을 싹 갈아엎는다네요.
听说 통 들은 바로는 ~라고 한다 / 老板 몡 사장 / 将 ㈜ 장차 / 进行 통 진행하다 / 公
司 몡 회사 / 系统 몡 시스템

干杯

HSK4

[gānbēi]
→ →
깐 베이

통 건배하다

배를 타고 나가 새우 깐 배 이(여기) 위에서 소주 한잔
건배합시다!

为我们的重逢干杯!
Wèi wǒmen de chóngféng gānbēi!
다시 만날 날을 위하여 건배!
为 ~을 위하여 / 我们 떼 우리 / 的 조 ~의 / 重逢 통 다시 만나다

HSK2

告诉

얼른 까요, 수를! 이번 판 이길 묘수를 얼른 알려줘요.

[gàosu]

↘

까오 수

[동] 알리다, 말하다

我告诉你一个好消息。

Wǒ gàosu nǐ yígè hǎo xiāoxi.

좋은 소식 하나 알려줄게.

我 [대] 나 / 你 [대] 너 / 一个 하나 / 好 [형] 좋다 / 消息 [명] 소식

원준쌤의 중국어 팁! – 동에 번쩍 서에 번쩍! 최고의 서포터 好

중국어를 하다 보면 好[hǎo 하오]를 많이 접하게 될 겁니다. 好는 다른 단어와 접목해 아래와 같이 아주 유용하게 쓰여요. 앞으로 好를 붙여서 감정을 다양하게 표현해보길 바랍니다.

- 好(하오, 좋다) + 吃(츠, 먹다) = 맛이 좋다, 맛있다
- 好(하오, 좋다) + 看(칸, 보다) = 보기 좋다, 아름답다
- 好(하오, 좋다) + 听(팅, 듣다) = 듣기 좋다

HSK3

跟

건달들은 보스 뒤를 따라 움직인다.

[gēn]

→

껀

[동] 뒤따르다 [접] ~와/과

我跟同事一起去外勤。

Wǒ gēn tóngshì yìqǐ qù wàiqín.

동료랑 같이 외근을 나갔다.

我 [대] 나 / 同事 [명] 회사 동료 / 一起 [부] 같이 / 去 [동] 가다 / 外勤 [명] 외근

HSK4

够

고스톱 칠 때는 점수가 충분해도 꼬우(go)!

[gòu]

↘

꼬우

[형] 충분하다, 넉넉하다

这些菜你够不够?

Zhèxiē cài nǐ gòubúgòu?

이 음식들만으로 되겠어요?

这些 [대] 이것들 / 菜 [명] 음식 / 你 [대] 너 / 够不够 충분한지 아닌지

HSK4

管理

[guǎnlǐ]

∨ ∨

꾸안 리

[동] 관리하다

광안리 해수욕장은 관리가 잘되는 편이야.

我在公司管理业务。

Wǒ zài gōngsī guǎnlǐ yèwù.

나는 회사에서 영업을 관리한다.

我 [대] 나 / 在 ~에서 / 公司 [명] 회사 / 业务 [명] 업무, 일

HSK3

关心

[guānxīn]

→ →

꾸안 신

[동] 관심을 가지다

옆집의 그 안심 요리가 너무 맛있어서 자꾸 관심이 가.

感谢你们的关心和帮助。

Gǎnxiè nǐmen de guānxīn hé bāngzhù.

여러분의 관심과 도움에 정말 감사드립니다.

感谢 [동] 감사하다 / 你们 [대] 너희 / 的 [조] ~의 / 和 [접] ~과 / 帮助 [명] 도움

HSK4

估计

[gūjì]

→ ↘

구 지

[동] 추측하다, 예측하다

구찌 가방 하나 사려면 얼마 필요한지 예측해볼까?

我估计明天样品才能到那边。

Wǒ gūjì míngtiān yàngpǐn cái néng dào nàbiān.

내 예상에 샘플은 내일쯤 거기 도착할 것 같아요.

我 [대] 나 / 明天 [명] 내일 / 样品 [명] 샘플 / 才 [부] ~에야 비로소 / 能 [동] ~할 수 있다 / 到 [동] 도착하다 / 那边 [대] 그곳

HSK4

鼓励

[gǔlì]

∨ ↘

구 리

[동] 북돋우다, 격려하다

어쭈구리 제법 하는데? 아이에게 격려해주다.

老板偶尔鼓励我们。

Lǎobǎn ǒuěr gǔlì wǒmen.

사장님은 가끔 우리를 격려해주신다.

老板 [명] 사장 / 偶尔 [부] 가끔 / 我们 [대] 우리

46 Day

HSK3
过去
[guòqù]
↘ ↘
꾸오 취
(동) 지나치다, 사망하다

어떤 아저씨가 **끄억! 취**해서 트림하며 내 옆을 <u>지나쳤다</u>.

过去的事情就忘了吧。
Guòqù de shìqíng jiù wàngle ba.
지나간 일이니까 그냥 잊자.
的 ㈜ ~의 / 事情 몡 일 / 就 得 의지·강조를 나타냄 / 忘了 잊다 / 吧 문장의 끝에 쓰여 제의·청구·명령·독촉을 나타냄

HSK2
好吃
[hǎochī]
∨ →
하오 츠△
(형) 맛있다

하~ 입김을 불며 추운 **오호츠**크해 지방에서 구워 먹는 물고기는 정말 <u>맛있다</u>.

这里有什么好吃的?
Zhèlǐ yǒu shénme hǎochī de?
이곳에는 어떤 맛있는 것들이 있나요?
这里 ㈜ 여기 / 有 (동) 있다 / 什么 ㈜ 무슨 / 的 ㈜ 명사화시킴

HSK4
好像
[hǎoxiàng]
∨ ↘
하오 시앙
(동) 비슷하다, 마치 ~와 같다

"**하~** 오(5)**시**야 친구야." 시침과 분침 길이가 <u>비슷해</u> 12시 25분으로 착각하다.

你好像跟金秀弦一样。
Nǐ hǎoxiàng gēn Jīnxiùxián yíyàng.
너는 배우 김수현을 되게 닮은 것 같아.
你 ㈜ 너 / 跟 ㈜ ~와 / 金秀弦 김수현 / 一样 (형) 같다

喝

[hē]
→
흐어

(동) 마시다

"허허허" 웃으며 차를 **마시는** 할아버지

我不喜欢喝白酒。
Wǒ bù xǐhuan hē báijiǔ.
저 백주는 별로 안 좋아해요.

我 (때) 나 / 不 (부) 부정을 나타냄 / 喜欢 (동) 좋아하다 / 白酒 (명) 고량주, 백주

合格

[hégé]
↗ ↗
흐어 끄어

(형) 합격하다

헛것을 자주 보는 약한 아이를 해병대에 **합격**시켜 강인
하게 만들다.

这产品只有百分之五十个合格。
Zhè chǎnpǐn zhǐyǒu bǎifēnzhīwǔshí ge hégé.
이 제품은 50%만 합격이다.

这 (때) 이 / 产品 (명) 제품 / 只有 (부) 오로지 / 百分之五十 (부) 50% / 个 (양) 개

怀疑

[huáiyí]
↗ ↗
후아이 이

(동) 의심하다

후아~ 이 아이 도통 속을 모르겠네. 자꾸 **의심스러워**.

老板怀疑我的能力。
Lǎobǎn huáiyí wǒ de nénglì.
사장님은 내 능력을 의심한다.

老板 (명) 사장 / 我 (때) 나 / 的 (조) ~의 / 能力 (명) 능력

欢迎

[huānyíng]
→ ↗
후안 잉

(동) 환영하다

가게에 손님으로 갔는데 **환영해주지** 않아서 좀 **화나잉**.

欢迎光临。
Huānyíng guānglín.
어서 오세요(환영합니다).

光临 (동) 왕림하다

寄

HSK4

[jì]

↘

지

(동) 보내다, 부치다

소녀시대 팬에게 **지**(Gee) 노래 앨범을 <u>보내줬어</u>.

你能替我寄这个样品吗?

Nǐ néng tì wǒ jì zhège yàngpǐn ma?

이 샘플 좀 저 대신 보내줄 수 있어요?

你 (대) 너 / 能 (동) ~할 수 있다 / 替 (동) 대신하다 / 我 (대) 나 / 这个 (대) 이것 / 样品 (명) 샘플 / 吗 문장의 끝에 사용하여 의문을 표시함

加班

HSK4

[jiābān]

→　→

지아 빤

(동) 초과 근무하다, 야근하다

우리 딸, 아빠 보고싶**지**? 아빠 오늘도 <u>야근한단다</u>.

我几乎每天加班。

Wǒ jīhū měitiān jiābān.

나 거의 매일 야근해.

我 (대) 나 / 几乎 (부) 거의 / 每天 (명) 매일

检查

HSK3

[jiǎnchá]

∨　↗

지앤 챠

(동) 검사하다

GM차 출고 전 <u>검사를 하다</u>.

我们已检查了产品的质量。

Wǒmen yǐ jiǎnchá le chǎnpǐn de zhìliàng.

그들은 이미 제품의 품질을 검사했다.

我们 (대) 우리 / 已 (부) 이미 / 了 동사나 형용사 뒤에 쓰여 동작 또는 변화가 완료되었음을 나타냄 / 产品 (명) 제품 / 的 (조) ~의 / 质量 (명) 품질

164

讲

HSK3

[jiǎng]

∨

지앙

(동) 말하다, 상의하다

그 애랑 **말하면** 대화가 안 통해서 정말 **짱** 나(짜증 나).

请再讲一遍。
Qǐng zài jiǎng yíbiàn.
죄송하지만 한 번 더 이야기해주세요.
请 상대방에게 어떤 일을 부탁하거나 권할 때 쓰는 정중한 표현 / 再 (부) 재차 / 一遍 한 번

健康

HSK3

[jiànkāng]

↘ →

지앤 캉

(형) 건강하다

어릴 때 몸이 약했던 **지앤**(지애는) **캉총캉총** 뛸 정도로 **건강해.**

你的妻子也健康吧?
Nǐ de qīzi yě jiànkāng ba?
당신 아내도 건강하죠?
你 (대) 너 / 的 (조) ~의 / 妻子 (명) 아내 / 也 (부) 또한 / 吧 추측과 동시에 확인하는 의미

见面

HSK3

[jiànmiàn]

↘ ↘

지앤 미앤

(동) 만나다

지앤(지애는) 미애를 **만났다.**

我们好久没见面了!
Wǒmen hǎojiǔ méi jiànmiàn le!
오랜만이네요!
我们 (대) 우리 / 好久 (형) 오랫동안 / 没 (부) 아직 ~않다 / 了 동사나 형용사 뒤에 쓰여 동작 또는 변화가 완료되었음을 나타냄

减少

[jiǎnshǎo]

지앤 샤오

(동) 감소하다, 줄다

지앤(지애는) 샤워할 때 물 사용량을 감소해야 한다.

我们公司应该减少库存.

Wǒmen gōngsī yīnggāi jiǎnshǎo kùcún.

우리 회사는 재고를 좀 줄여야 해요.

我们 (대) 우리 / 公司 (명) 회사 / 应该 (동) ~해야 한다 / 库存 (명) 재고

建议

[jiànyì]

지앤 이

(동) 건의하다

머리가 간지럽자 지앤(지애는) 이 검사를 받아야 한다고 건의했다.

我建议把有的部分修改了。

Wǒ jiànyì bǎ yǒu de bùfen xiūgǎi le.

몇몇 부분을 수정해야 한다고 건의했다.

我 (대) 나 / 把 ~을 / 有的 (대) 어떤 / 部分 (명) 부분 / 修改 (동) 수정하다 / 了 문장의 끝에 쓰여서 변화 또는 새로운 상황의 출현을 표시함

交流

[jiāoliú]

지아오 리오우

(동) 교류하다

"지하로 오리가 오유(와유)" 하수구에 둥둥 떠다니는 오리에게 말 걸며 교류하다.

两个公司交流起来了。

Liǎnggè gōngsī jiāoliú qǐlái le.

두 회사가 교류하기 시작했다.

两个 두 개 / 公司 (명) 회사 / 起来 동사나 형용사 뒤에 붙어, 동작이나 상황이 시작되고 또한 계속됨을 나타냄 / 了 문장의 끝에 쓰여서 변화 또는 새로운 상황의 출현을 표시함

记得

[jìde]

지 드어

(동) 잊지 않고 있다, 기억하고 있다

길은 지도만 있으면 잊지 않고 찾아갈 수 있어.

你还记得我们上次见面的时候吗?

Nǐ hái jìde wǒmen shàngcì jiànmiàn deshíhou ma?

우리 지난번 만났을 때 기억나요?

你 (대) 너 / 还 (부) 아직도 / 我们 (대) 우리 / 上次 (명) 지난번 / 见面 (동) 만나다 / 的时候 때 / 吗 의문을 나타냄

结果

[jiéguǒ]

↗ ∨

지에 구오

동 열매를 맺다 형 결과

쟤가 **구워** 만든 스테이크는 **결과**적으로 맛있었어.

会议的结果快出来了。

Huìyì de jiéguǒ kuài chūlái le.

회의 결과가 곧 나온다.

会议 명 회의 / 的 조 ~의 / 快…了 곧 ~할 것이다 / 出来 동 나오다

结婚

[jiéhūn]

↗ →

지에 훈

동 결혼하다

지애와 훈이가 **결혼**한대요.

你结婚了吗?

Nǐ jiéhūn le ma?

당신 결혼했어요?

你 때 너 / 了 동사나 형용사 뒤에 쓰여 동작 또는 변화가 완료되었음을 나타냄 / 吗 의문을 나타냄

解决

[jiějué]

∨ ↗

지에 쥐에

동 해결하다

우는 지애에겐 인형을 **쥐어**주면 **해결**될 거야.

事情顺利地解决了。

Shìqíng shùnlì de jiějué le.

일이 순조롭게 해결되었다.

事情 명 일 / 顺利 형 순조롭다 / 地 조 동사나 형용사 앞에 쓰여 상태를 표시하는 보어를 연결 / 了 동사나 형용사 뒤에 쓰여 동작 또는 변화가 완료되었음을 나타냄

48 Day

HSK4

解释

취업 컨설팅 강사가 이번 GS 입사 시험 문제를 해석했다.

[jiěshì]

∨ ↘

지에 스△

[동] 해석하다, 해명하다

你跟他解释一下。

Nǐ gēn tā jiěshì yíxià.

그 사람한테 설명 좀 해주세요.

你 [대] 너 / 跟 ~에게 / 他 [대] 그 / 一下 좀 ~하다

HSK4

接受

입장권을 받고 지애가 마술쇼를 보여주다.

[jiēshòu]

→ ↘

지에 쇼우

[동] 받다, 수령하다

那家公司接受了我们的条件。

Nà jiā gōngsī jiēshòu le wǒmen de tiáojiàn.

그 회사는 우리 조건을 받아들였다.

那 [대] 그 / 家 [양] 회사 등을 셀 때 쓰는 양사 / 公司 [명] 회사 / 了 동사나 형용사 뒤에 쓰여 동작 또는 변화가 완료되었음을 나타냄 / 我们 [대] 우리 / 的 [조] ~의 / 条件 [명] 조건

HSK2

近

아기는 자주 징징거려서 엄마가 가까이 있어야 해.

[jìn]

↘

찐

[형] 가깝다

酒店离这里很近。

Jiǔdiàn lí zhèlǐ hěn jìn.

호텔은 여기서 엄청 가까워요.

酒店 [명] 호텔 / 离 ~에서 / 这里 [대] 여기 / 很 [부] 매우

HSK2

进

제군들 진군하자! 돌격 앞으로 나가자!

[jìn]
↘
찐

[동] (앞으로) 나아가다, (안으로) 들어가다

请进。
Qǐng jìn.
들어오세요.
请 상대방에게 어떤 일을 부탁하거나 권할 때 쓰는 정중한 표현

HSK4

精彩

새로 산 스마트폰이 진짜 이거야? 성능이 뛰어나네!

[jīngcǎi]
→ ∨
징 차이

[형] 훌륭하다, 뛰어나다

会餐时，老板的发言很精彩。
Huìcān shí, lǎobǎn de fāyán hěn jīngcǎi.
회식 때 사장님의 발언은 아주 근사했어요.
会餐 [명] 회식 / 时 [명] 때 / 老板 [명] 사장 / 的 [조] ~의 / 发言 [명] 발언 / 很 [부] 매우

HSK4

经历

연기 경험 많은 이정재랑 영화를 찍니?

[jīnglì]
→ ↘
징 리

[동] 겪다, 경험하다

我们的子公司从来没有经历过破产。
Wǒmen de zǐgōngsī cónglái méiyǒu jīnglì guò pòchǎn.
우리 자회사가 지금까지 파산한 적은 없다.
我们 [대] 우리 / 的 [조] ~의 / 子公司 [명] 자회사 / 从来 [부] 지금까지 / 没有 [형] 없다 / 过 [조] 과거의 경험을 나타냄 / 破产 [동] 파산하다

HSK4

经验

시험 경험 많은 원준이 이번에 또 찍니, 앤(애는)?

[jīngyàn]
→ ↘
징 앤

[동] 경험하다

我有丰富的社会经验。
Wǒ yǒu fēngfù de shèhuì jīngyàn.
나는 풍부한 사회 경험을 가지고 있다.
我 [대] 나 / 有 [동] 있다 / 丰富 [형] 풍부하다 / 的 [조] ~의 / 社会 [명] 사회

HSK4

进行

[jìnxíng]

↘ ↗

찐 싱

(동) 진행하다

진심으로 프로포즈하는 거면 우리 결혼 진행하자!

会议还在进行中。
Huìyì hái zài jìnxíng zhōng.
회의가 여전히 진행 중입니다.
会议 (명) 회의 / 还 (부) 아직 / 在…中 (부) ~하는 중이다

HSK3

决定

[juédìng]

↗ ↘

쥐에 띵

(동) 결정하다

집에서 나온 쥐에 띵~ 충격받아 소탕하기로 결정했다.

我决定辞职了。
Wǒ juédìng cízhí le.
나 회사 그만두기로 결정했어.
我 (대) 나 / 辞职 (동) 사직하다 / 了 문장의 끝에 쓰여서 변화 또는 새로운 상황의 출현을 표시함

HSK4

距离

[jùlí]

↘ ↗

쥐 리

(동) (~로 부터) 떨어지다 (명) 거리

먼 거리를 열심히 뛰기 위해 달릴 때 주먹을 꼭 쥐리!

公司距离机场远不远?
Gōngsī jùlí jīchǎng yuǎnbùyuǎn?
회사는 공항에서 멀어요?
公司 (명) 회사 / 机场 (명) 공항 / 远不远 머나요(멀어요, 안 멀어요)?

49 Day

HSK4

考虑

[kǎolǜ]
∨ ↘
카오 뤼

[동] 고려하다

광어회만으로는 장사가 안 돼서 가오리회도 팔까 고려해보는 중이야.

我们再考虑一下。
Wǒmen zài kǎolǜ yíxià.
좀 더 생각해봅시다.
我们 [대] 우리 / 再 [부] 재차 / 一下 좀 ~하다

HSK3

刻

[kè]
↘
크어

[동] 새기다 [양] 15분

와 저기 새겨진 조각상 엄청 커!

我到深圳的时候是12点1刻。
Wǒ dào shēnzhèn deshíhou shì shíèrdiǎn yíkè.
선전 도착했을 때가 12시 15분이었다.
我 [대] 나 / 到 [동] 도착하다 / 深圳 [명] 선전 / 的时候 [명] 때 / 是 [동] ~이다 / 12点 12시 / 1刻 15분

원준쌤의 중국어 팁! – 지금이 몇 시냐면요~

위 단어 뜻에도 적혀 있듯이 刻는 시간에서 15분 그러니까 1/4을 의미합니다. 예를 들어 1시 15분이라고 하면 一点十五分[yìdiǎn shíwǔfēn 이디앤 스우펀]이라고 얘기해도 되지만 一点一刻[yìdiǎn yíkè 이디앤 이크어] 또한 똑같은 의미입니다. 그럼 三刻는 刻(=15분)가 3개니까 45분이겠네요? 네 맞습니다. 하지만 여기서 주의할 점은 二刻, 四刻라는 표현은 없다는 점입니다. 저는 刻를 배운 이후로 30분도 二刻로 얘기했더니 중국인 친구가 그런 말은 없다고 얘기하더군요. 참고로 30분은 일반적으로 三十分[sānshífēn 싼스펀] 혹은 半[bàn 빤]이라고 표현합니다. 예를 들어 우리가 2시 30분을 2시 반이라고도 표현하듯이 중국어도 똑같다고 생각하면 됩니다.

可爱

[kěài]

∨ ↘

크어 아이

형 귀엽다

남동생이 마냥 **귀여웠는데** 점점 **커 아이** 같지 않아.

我觉得韩国女人更可爱。

Wǒ juéde Hánguó nǚrén gèng kěài.

제 생각에 한국 여자들이 더 귀여운 것 같아요.

我 때 나 / 觉得 통 ~라고 생각하다 / 韩国 명 한국 / 女人 명 여자 / 更 틧 더

可能

[kěnéng]

∨ ↗

크어 넝

형 가능하다

덩크슛이 **가능한** 이유는 키가 **커 넣**었지.

怎么可能知道明年的制造业情况。

Zěnme kěnéng zhīdào míngnián de zhìzàoyè qíngkuàng.

어떻게 내년 제조업 상황을 안다는 게 가능한 건가요.

怎么 때 어떻게 / 知道 통 알다 / 明年 명 내년 / 的 죄 ~의 / 制造业 명 제조업 / 情况 명 상황

可以

[kěyǐ]

∨ ∨

크어 이

통 ~해도 좋다, ~할 수 있다

당연하지, **기꺼이 해도 돼**!

我可以先下班吗?

Wǒ kěyǐ xiān xiàbān ma?

먼저 퇴근해도 될까요?

我 때 나 / 先 틧 먼저 / 下班 통 퇴근하다 / 吗 의문을 나타냄

苦

[kǔ]

∨

쿠

형 (맛이) 쓰다, 괴롭다

감기 걸린 아기가 **쓴** 약을 먹고 **쿠**~ 하고 잔다.

这绿茶的味道有点苦。

Zhè lǜchá de wèidao yǒudiǎn kǔ.

이 녹차 맛이 약간 쓰다.

这 때 이 / 绿茶 명 녹차 / 的 죄 ~의 / 味道 명 맛 / 有点 틧 약간

辣

[là]

↘

라

형 맵다

한국인은 얼큰하고 매운 라면을 선호한다.

这个火锅特别辣。
Zhège huǒguō tèbié là.
이 훠궈 진짜 매워요.

这个 때 이 / 火锅 명 훠궈 / 特别 분 특히

来自

[láizì]

↗ ↘

라이 쯔

동 ~에서 오다

귀중한 라이스 한 톨 한 톨은 농부의 피땀으로부터 왔다.

来自星星的你。
Láizì xīngxing de nǐ.
별에서 온 그대.

星星 명 별 / 的 조 ~의 / 你 때 너

浪漫

[làngmàn]

↘ ↘

랑 만

형 낭만적이다, 로맨틱하다

두음법칙을 사용하지 않는 북한 사람이 낭만을 발음하면 랑만

哎呀, 韩剧里的韩国男人怎么这么浪漫呢?
Āiyā, hánjù lǐ de Hánguó nánrén zěnme zhème làngmàn ne?
와, 한국 드라마 속 한국 남자들은 어쩜 이렇게 로맨틱해요?

哎呀 감 와 / 韩剧 명 한국 드라마 / 里 명 안 / 的 조 ~의 / 韩国 명 한국 / 男人 명 남자 / 怎么 때 어떻게 / 这么 때 이렇게 / 呢 의문을 나타냄

老

[lǎo]

∨

라오

형 늙다

늙은 부모님을 모시고 라오스로 여행 다녀왔어.

看来你变老了!
Kànlái nǐ biàn lǎo le!
너 좀 늙은 것 같아! (친한 사이에 할 수 있는 농담)

看来 동 보기에 ~하다 / 你 때 너 / 变 동 변하다 / 了 동사나 형용사 뒤에 쓰여 동작 또는 변화가 완료되었음을 나타냄

HSK2

累

[lèi]

↘

레이

(동) 피곤하다

서장훈이 코딱지만 한 **레이** 차를 타면 엄청 **피곤할 거야**.

你坐了飞机很长时间, 累不累?

Nǐ zuò le fēijī hěn cháng shíjiān, lèibúlèi?

오랜 시간 비행기 타셨는데 힘들진 않으세요?

你 (대) 너 / 坐 (동) 타다 / 了 동사나 형용사 뒤에 쓰여 동작 또는 변화가 완료되었음을
나타냄 / 飞机 (명) 비행기 / 很 (부) 엄청 / 长 (형) (시간이) 길다 / 时间 (명) 시간 / 累不累
피곤한지 아닌지

HSK4

连

[lián]

↗

리앤

(동) 잇다 (부) 계속해서

《빨간 머리 앤》이 너무 재미있어서 **계속해서** 보게 돼.

最近深圳连着下了雨。

Zuìjìn shēnzhèn lián zhe xià le yǔ.

최근 선전에 계속 비가 왔어요.

最近 (명) 최근 / 深圳 (명) 선전 / 着 (조) 상태의 지속을 나타냄 / 下雨 (동) 비가 오다 / 了
동사나 형용사 뒤에 쓰여 동작 또는 변화가 완료되었음을 나타냄

HSK3

了解

[liǎojiě]

∨ ∨

리아오 지에

(동) 이해하다, 알다

길을 잘 **아는** 가수 리아가 오지에 혼자 여행 간대!

我对中国的文化还不太了解。

Wǒ duì Zhōngguó de wénhuà hái bú tài liǎojiě.

중국 문화에 대해 여전히 잘 알지 못해요.

我 (대) 나 / 对 ~에 대하여 / 中国 (명) 중국 / 的 (조) ~의 / 文化 (명) 문화 / 还 (부) 아직 / 不
太 그다지 ~하지 않다

厉害

[lìhai]
↘
리 하이

(형) 굉장하다, 심하다

이하이의 가창력은 <u>굉장해</u>!

不是, 你已经很厉害。
Búshì, nǐ yǐjīng hěn lìhai.
아니에요, 당신은 이미 대단해요.

不是 아니다 / 你 때 너 / 已经 ﾅ 이미 / 很 ﾅ 매우

理解

[lǐjiě]
∨ ∨
리 지에

(동) 이해하다

글로벌 빌리지에 살면 외국인을 <u>이해할</u> 수 있어.

我理解你们中国人的想法。
Wǒ lǐjiě nǐmen zhōngguórén de xiǎngfǎ.
나는 중국인들 생각을 이해해요.

我 때 나 / 你们 때 너희 / 中国人 똉 중국인 / 的 좌 ~의 / 想法 똉 생각, 의견

원준쌤의 중국어 팁! – 了解와 理解의 구분

앞 페이지에 나온 了解와 理解는 둘 다 '이해하다', '알다'라는 뜻으로 쓰이는데요. 약간의 차이가 있습니다. 了解는 '그 사람에 대해 잘 안다', '어떤 장소에 대해 안다'처럼 정보에 대해 파악하고 있다고 보면 됩니다. 그리고 理解는 그 사람에 대한 감정에 대해 이해한다. 즉 심리적인 입장을 알고 있다고 보면 됩니다. 위 예문을 보면 이해하는 데 좀 더 도움이 되실 수 있습니다.

礼貌

[lǐmào]
∨ ↘
리 마오

(형) 예의가 바르다

느끼한 춤의 달인 리마리오는 <u>예의가 바르다</u>.

你这样做不礼貌。
Nǐ zhèyàng zuò bù lǐmào.
당신 이렇게 하는 거 예의가 아니에요.

你 때 너 / 这样 때 이러한 / 做 똉 하다 / 不 ﾅ 부정을 표시함

满

[mǎn]

∨

만

형 가득하다 동 (기한이) 되다

많이 있다는 것은 **가득하다**는 의미지.

交期已经满。

Jiāoqī yǐjīng mǎn.

벌써 납기일이 되었다.

交期 명 납기일 / 已经 부 이미

忙

[máng]

↗

망

형 바쁘다

바쁘게 일해도 결국 다 끝내지 못해서 **망**연자실했어.

今天我很忙。

Jīntiān wǒ hěn máng.

나 오늘 너무 바빠.

今天 명 오늘 / 我 대 나 / 很 부 너무

满意

[mǎnyì]

∨ ↘

만 이

형 만족하다

이번 시험 성적이 아주 좋아 **많이 만족한다**.

我找到了一个满意的工作。

Wǒ zhǎodào le yígè mǎnyì de gōngzuò.

나는 만족할 만한 일을 찾아냈다.

我 대 그 / 找到 동 찾아내다 / 了 동사나 형용사 뒤에 쓰여 동작 또는 변화가 완료되었음을 나타냄 / 一个 하나 / 的 조 ~의 / 工作 명 일

面对

[miànduì]

↘ ↘

미앤 뚜에이

동 마주 보다, 직면하다

떠든 사람들 **맨 뒤**에 나가 **마주 보고** 서 있어!

你面对现实吧。

Nǐ miànduì xiànshí ba.

현실을 직시하렴.

你 대 너 / 现实 명 현실 / 吧 문장의 끝에 쓰여 제의·청구·명령·독촉을 나타냄

51 Day

HSK3

明白

예비군 훈련 마치면 밍바이(민방위) 하는 거 이해해.

[míngbai]

↗

밍 바이

[동] 이해하다, 명백하다

我明白你的意思。

Wǒ míngbai nǐ de yìsi.

당신 말이 무슨 뜻인지 이해했어요.

我 [대] 나 / 你 [대] 너 / 的 [조] ~의 / 意思 [명] 뜻

HSK3

年轻

나이에 비해 젊어 보이는 니애칭은 이제 베이비 페이스야.

[niánqīng]

↗ →

니앤 칭

[형] 젊다

你20岁吗? 这么年轻。

Nǐ èrshí suì ma? Zhème niánqīng.

너 20살이야? 이렇게 젊어?

你 [대] 너 / 岁 [명] 나이 / 吗 의문을 나타냄 / 这么 [대] 이렇게

HSK4

判断

이번 판 또한 우리 팀이 승리할 것이라고 판단한다.

[pànduàn]

↘ ↘

판 뚜안

[동] 판단하다

我感觉我的判断力不太好。

Wǒ gǎnjué wǒ de pànduànlì bútàihǎo.

내 판단력은 그리 좋은 것 같진 않다.

我 [대] 나 / 感觉 [동] 여기다 / 的 [조] ~의 / 判断力 [명] 판단력 / 不太 그다지 ~하지 않다 / 好 [형] 좋다

HSK4

陪

[péi]

↗

페이

[동] 모시다, 동반하다

삼성페이를 잘 쓰는 사람 옆엔 누군가 들러붙어 동반한다.

放心，我陪你去公司。

Fàngxīn, wǒ péi nǐ qù gōngsī.

걱정 마세요, 제가 회사에 모시고 갈게요.

放心 [동] 안심하다 / 我 [대] 나 / 你 [대] 너 / 去 [동] 가다 / 公司 [명] 회사

HSK4

批评

[pīpíng]

→ ↗

피 핑

[동] 비판하다, 비평하다

날 비판하는 소리에 피가 난 듯이 머리가 핑 돌았다.

会议的时候，老板一直批评我。

Huìyì deshíhou, lǎobǎn yìzhí pīpíng wǒ.

회의 내내 사장님은 나를 나무라셨다.

会议 [명] 회의 / 的时候 때 / 老板 [명] 사장 / 一直 [부] 줄곧 / 我 [대] 나

HSK4

确实

[quèshí]

↘ ↗

취에 스△

[형] 확실하다, 틀림없다

이 친구 눈 풀린 거 보니 확실하게 취했으!

我觉得确实我们的产品更好。

Wǒ juéde quèshí wǒmen de chǎnpǐn gèng hǎo.

확실히 우리 제품이 더 나은 것 같아.

我 [대] 나 / 觉得 [동] ~라고 생각하다 / 我们 [대] 우리 / 的 [조] ~의 / 产品 [명] 제품 / 更 [부] 더 / 好 [부] 좋다

HSK3

认为

[rènwéi]

↘ ↗

런△ 웨이

[동] 생각하다, 여기다

런웨이 하면 사람들은 파리나 밀라노를 생각한다.

我认为韩国人很亲切。

Wǒ rènwéi hánguórén hěn qīnqiè.

한국인은 정말 친절한 것 같아요.

我 [대] 나 / 韩国人 [명] 한국인 / 很 [부] 매우 / 亲切 [형] 친절하다

认真

[rènzhēn]
↘ →
런△ 쩐

(형) 진지하다, 성실하다

우사인 볼트가 **진지하게** 뛰면 런(Run) 속도는 정말 **쩐**다.

我的同事工作得很认真。
Wǒ de tóngshì gōngzuò de hěn rènzhēn.
내 동료는 정말 성실하게 일한다.

我 ㈃ 나 / 的 ㈜ ~의 / 同事 ㈏ 회사 동료 / 工作 ㈎ 일하다 / 得 ㈜ 동사나 형용사의 뒤에 쓰여 결과나 정도를 표시하는 보어를 연결 / 很 ㈜ 매우

热情

[rèqíng]
↘ ↗
르어△ 칭

(형) 열정적이다

우리가 **열정적**으로 연구했던 제품을 드디어 **런칭**한다.

谢谢你们的热情招待。
Xièxie nǐmen de rèqíng zhāodài.
따뜻하게 맞아주셔서 감사합니다.

谢谢 ㈎ 감사하다 / 你们 ㈃ 우리 / 的 ㈜ ~의 / 招待 ㈎ 환대하다

上班

[shàngbān]
↘ →
썅 빤

(동) 출근하다

남자들은 **출근할** 때 **상판**대기에 대충 찍어 바르고 간다.

上班的时候, 路上太堵车了。
Shàngbān deshíhòu, lùshang tài dǔchē le.
출근 시간엔 차가 엄청 막힌다.

的时候 때 / 路上 ㈏ 길 위 / 太…了 너무 ~하다 / 堵车 ㈏ 교통 체증

52
Day

HSK3

生气

[shēngqì]

→ ↘

셩 치

[동] 화내다

성질이 나도 치아를 깨물고 화나는 걸 참다.

老板生气了, 大家安静一下。

Lǎobǎn shēngqì le, dàjiā ānjìng yíxià.

사장님 화나셨으니까 다들 조용히 해.

老板 [명] 사장 / 了 동사나 형용사 뒤에 쓰여 동작 또는 변화가 완료되었음을 나타냄 / 大家 [대] 모두 / 安静 [형] 조용하다 / 一下 좀 ~하다

HSK4

实际

[shíjì]

↗ ↘

스△ 찌

[형] 실제의, 현실의

영화 〈건축학개론〉의 수지를 실제로 볼 수만 있다면!

老板的看法太不切实际了。

Lǎobǎn de kànfǎ tài búqièshíjì le.

사장님 생각은 너무 비현실적이야.

老板 [명] 사장 / 的 [조] ~의 / 看法 [명] 견해 / 太…了 너무 ~하다 / 不切实际 현실에 부합되지 않다

HSK4

收

[shōu]

→

쇼우

[동] 받다, 거두어 들이다

어떤 공연 쇼든지 공짜는 없고 돈을 받는다.

财务职员收着个人的发票。

Cáiwù zhíyuán shōu zhe gèrén de fāpiào.

재무 직원이 개인 영수증을 받고 있다.

财务 [명] 재무 / 职员 [명] 직원 / 着 [조] ~하고 있는 중이다 / 个人 [명] 개인 / 的 [조] ~의 / 发票 [명] 영수증

顺利

[shùnlì]

↘ ↘
슌 리

형 순조롭다

슌리대로 일이 착착 **순조롭게** 진행되고 있다.

祝您工作顺利。
Zhù nín gōngzuò shùnlì.
하시는 일이 순탄하시길 바랍니다.
祝 동 축복하다, 빌다 / 您 대 당신, 귀하[你를 높여 부르는 말] / 工作 명 일

送

[sòng]

↘
쏭

동 보내다, 배웅하다

배웅할 때 부르는 송(Song). 이제는 우리가 헤어져야 할 시간~ ♪

别担心，我送你酒店。
Bié dānxīn, wǒ sòng nǐ jiǔdiàn.
걱정마세요, 제가 호텔에 데려다 드릴게요.
别 부 ~하지 마라 / 担心 동 걱정하다 / 我 대 나 / 你 대 너 / 酒店 명 호텔

谈

[tán]

↗
탄

동 말하다

탄 냄새가 나 119에 전화해서 **말했어.**

你跟老板谈什么？
Nǐ gēn lǎobǎn tán shénme?
너 사장님이랑 무슨 얘기 해?
你 대 너 / 跟 접 ~와 / 老板 명 사장 / 什么 대 무슨

特别

[tèbié]

↘ ↗
트어 비에

형 특별하다

한국은 연장자 앞에서 술 마실 때 **특별히** 고개를 틀어서 **비워.**

我特别喜欢喝青岛啤酒。
Wǒ tèbié xǐhuan hē qīngdǎopíjiǔ.
나는 칭따오 맥주를 유별나게 좋아한다.
我 대 나 / 喜欢 동 좋아하다 / 喝 동 마시다 / 青岛啤酒 칭따오 맥주

甜

[tián]

↗

티앤

형 달다, 달콤하다

T엔 푸: T셔츠 하면 **달콤한** 꿀을 좋아하는 곰돌이 푸

这些水果很甜。
Zhèxiē shuǐguǒ hěn tián.
이 과일들은 매우 달다.
这些 때 이런 것들 / 水果 명 과일 / 很 부 매우

提供

[tígōng]

↗ →

티 꽁

동 제공하다

너에게만 **제공하려고** 티 안 나게 **꽁꽁** 숨겨놨었어.

我们提供给中国厂商的设备都是全新的。
Wǒmen tígōng gěi Zhōngguó chǎngshāng de shèbèi dōu shì quánxīn
de.
우리가 중국 업체에 제공한 설비는 모두 신형이다.
我们 때 우리 / 给 동 주다 / 中国 명 중국 / 厂商 명 제조업자 / 的 조 ~의 / 设备 명 설
비 / 都 부 모두 / 是 동 ~이다 / 全新 형 새롭다 / 的 조 명사화시킴

停

[tíng]

↗

팅

동 멈추다, 중단하다

총알이 내 옆을 지나 벽에 **팅~** 맞자 놀란 채 **멈춰 서** 있다.

到深圳时, 雨停下来了。
Dào shēnzhèn shí, yǔ tíng xiàlái le.
선전에 도착했을 때 비가 그쳤다.
到 동 도착하다 / 深圳 명 선전 / 时 명 때 / 雨 명 비 / 下来 동사 뒤에 쓰여서 과거로부
터 현재까지 계속됨을 나타냄 / 了 문장의 끝에 쓰여서 변화 또는 새로운 상황의 출현
을 표시함

同意

HSK3

[tóngyì]
↗ ↘
통 이

(동) 동의하다

우리의 소원은 **통이(2)**가 아니라 통일(1)이라는 것에 **동의하시나요?**

我同意你的意见。
Wǒ tóngyì nǐ de yìjiàn.
당신 의견에 나도 동의해요.
我 때 나 / 你 때 너 / 的 죠 ~의 / 意见 몡 의견

推迟

HSK4

[tuīchí]
→ ↗
투에이 츠△

(동) 연기하다, 미루다

두 에이스의 대결이 결판이 안 나서 다음으로 **연기됐다.**

今天的会议推迟到下午。
Jīntiān de huìyì tuīchí dào xiàwǔ.
오늘 회의는 오후로 미뤄졌다.
今天 몡 오늘 / 的 죠 ~의 / 会议 몡 회의 / 到 ~로 / 下午 몡 오후

完

HSK2

[wán]
↗
완

(동) 끝나다, 완전하다

내가 좋아하는 선수의 **완**봉승으로 이번 경기는 **끝났어.**

我做完了今天的事情。
Wǒ zuò wán le jīntiān de shìqíng.
오늘 할 일은 다 끝냈어요.
我 때 나 / 做 동 하다 / 了 동사나 형용사 뒤에 쓰여 동작 또는 변화가 완료되었음을 나타냄 / 今天 몡 오늘 / 的 죠 ~의 / 事情 몡 업무

完成

[wánchéng]

↗ ↗

완 청

(동) 완성하다, 완수하다

완성된 청나라 패션: 변발 하나면 청나라 패션의 완성!

我们终于完成了困难的任务。

Wǒmen zhōngyú wánchéng le kùnnan de rènwu.

우리는 어려운 임무를 마침내 완수했다.

我们 (대) 우리 / 终于 (부) 마침내 / 了 동사나 형용사 뒤에 쓰여 동작 또는 변화가 완료되었음을 나타냄 / 困难 (형) 곤란하다 / 的 (조) ~의 / 任务 (명) 임무

往

[wǎng]

∨

왕

(동) ~로 향하다

왕을 향해 달려가 머리를 조아리는 신하들의 모습

师傅, 一直往前走。

Shīfu, yìzhí wǎng qián zǒu.

기사님, 앞으로 쭉 가주세요.

师傅 (명) 어떤 일에 숙달된 사람을 지칭 / 一直 (부) 곧바로, 계속해서 / 前 (명) 앞 / 走 (동) 가다

원준쌤의 중국어 팁! - 대체 저분을 뭐라고 불러야 하나?

운전기사를 지칭할 때 司机[sījī 쓰 지]라는 단어가 있습니다. 이 단어를 써도 전혀 문제없지만 师傅[shīfu 스 푸]라는 단어도 많이 사용합니다. 오히려 司机보다 좀 더 정중하게 '기사님, 선생님'이라고 부르는 것과 비슷합니다. 번외로 뜻이 전혀 다른 舒服[shūfu 수 푸] '편안하다'라는 단어가 있는데요. 제가 师傅를 舒服라고 발음해서 중국인 친구들이 많이 웃었던 기억이 있습니다.

完全

[wánquán]

↗ ↗

완 취앤

(형) 완전하다

병이 완전히 나은 거야? 완치엔 이 약을 쓰면 돼?

这产品跟那个完全不一样。

Zhè chǎnpǐn gēn nàge wánquán bùyíyàng.

그거랑 이 제품은 완전히 다르잖아요.

这 (대) 이 / 产品 (명) 제품 / 跟 (접) ~와 / 那个 (대) 그것 / 不一样 (형) 다르다

洗

[xǐ]

∨
시

동 씻다

씻다: 얼른 가서 씨~이서라(씻어라)

因为黄沙很严重, 回来后就洗一下手。
Yīnwèi huángshā hěn yánzhòng, huílái hòu jiù xǐ yíxià shǒu.
황사가 심하니 돌아오는 즉시 손을 씻어야 해.
因为 접 ~ 때문에 / 黄沙 명 황사 / 很 부 매우 / 严重 형 심각하다 / 回来 동 돌아오다
/ 后 명 후 / 就 부 바로 / 一下 좀 ~하다 / 手 명 손

下班

[xiàbān]

↘ →
시아 빤

동 퇴근하다

금요일은 샤방샤방하게 화장하고 퇴근해야지.

你们每天几点下班?
Nǐmen měitiān jǐdiǎn xiàbān?
너희는 매일 몇 시에 퇴근을 하니?
你们 대 너희들 / 每天 명 매일 / 几点 명 몇 시

咸

[xián]

↗
시앤

형 (맛이) 짜다

곰탕을 먹을 시엔 짠 소금으로 간을 맞춰야 한다.

这个菜太咸了。
Zhège cài tài xián le.
이 음식 너무 짜요.
这个 대 이 / 菜 명 음식 / 太…了 너무 ~하다

香

[xiāng]

→
시앙

형 (냄새가) 좋다, 향기롭다

오~ 샹젤리제. 아름답고 향기로운 냄새가 가득한 거리!

那个菜是什么? 好香。
Nàge cài shì shénme? Hǎo xiāng.
그 음식은 뭐예요? 맛있는 냄새가 나요.
那个 대 그것 / 菜 명 음식 / 是 동 ~이다 / 什么 대 무엇 / 好 형 좋다

54 Day

HSK4

相反

[xiāngfǎn]
→ ˇ
시앙 판◇

⬡ 상반되다

저 녀석은 **상판**대기가 얼마나 두꺼우면 저런 **상반된** 얘기를 뻔뻔히 하지?

我感觉韩国人和中国人的性格有点相反。
Wǒ gǎnjué hánguórén hé zhōngguórén de xìnggé yǒudiǎn xiāngfǎn.
제가 느끼기에 한국인과 중국인은 성격이 좀 상반되는 것 같아요.
我 ⒟ 나 / 感觉 ⒱ 느끼다 / 韩国人 ⒩ 한국인 / 和 ⒫ ~과 / 中国人 ⒩ 중국인 / 的 ⒵ ~의 / 性格 ⒩ 성격 / 有点 ⒨ 약간

원준쌤의 중국어 팁! – 중국을 흔드는 한국 드라마 열풍!

회식 자리에 있다 보면 중국인들이 저에게 한국 사람, 드라마, 화장품, 문화 등에 대한 질문을 많이 한답니다. 실제로도 한국에 관심이 많다는 것이 몸소 느껴지기도 하고요. 드라마 〈별에서 온 그대〉도 엄청 인기가 많았는데요(Day 49 '来自' 예문 참고). 당시 극 중에 나온 치맥으로 인해 중국에서도 한창 치맥 열풍이 불었다고 하죠. 우리나라에서 엄청난 인기 몰이를 한 드라마 〈도깨비〉 또한 당시 중국에서도 유행했습니다. 도깨비는 鬼怪[guǐguài 꾸에이 꾸아이]라고 부릅니다. (저도 너무 좋아하는 드라마 중의 하나입니다.)

HSK4

详细

[xiángxì]
↗ ↘
시앙 시

⬡ 상세하다, 자세하다

시안시의 병마용을 **자세히** 보면 전부 다르게 생겼다.

请告诉我更详细的内容。
Qǐng gàosu wǒ gèng xiángxì de nèiróng.
더 자세하게 좀 알려주세요.
请 상대방에게 어떤 일을 부탁하거나 권할 때 쓰는 정중한 표현 / 告诉 ⒱ 알리다 / 我 ⒟ 나 / 更 ⒨ 더 / 的 ⒵ ~의 / 内容 ⒩ 내용

相信

[xiāngxìn]

→ ↘

시앙 신

(동) 믿다

신앙심이 깊은 사람들은 신을 굳게 <u>믿는다</u>.

为什么你不相信我?
Wèishénme nǐ bù xiāngxìn wǒ?
왜 날 안 믿어줘요?
为什么 (때) 왜 / 你 (때) 너 / 不 (부) 부정을 나타냄 / 我 (때) 나

HSK3

辛苦

[xīnkǔ]

→ ∨

신 쿠

(동) 고생하다, 수고하다

제갈공명이 와서 유비가 맨발로 나가 <u>고생했다고</u> 하자
공명 왈 "신이라도 신구 나오시지."

辛苦了。
Xīnkǔle.
수고하셨습니다.
辛苦了 수고하다

HSK4

新鲜

[xīnxiān]

→ →

신 시앤

(형) 신선하다

신신애 아줌마의 '세상은 요지경'은 당시 아주 <u>신선한</u> 발
상이었다.

我喜爱吃新鲜的海鲜。
Wǒ xǐài chī xīnxiān de hǎixiān.
저는 신선한 해산물을 즐겨 먹어요.
我 (때) 나 / 喜爱 (동) 애호하다 / 吃 (동) 먹다 / 的 (조) ~의 / 海鲜 (명) 해산물

HSK3

休息

[xiūxi]

→

시오우 시

(동) 휴식하다

일이 너무 <u>쉬워</u> 시작하자마자 끝내고 먼저 <u>휴식했어</u>.

你累吧? 赶紧去休息一下。
Nǐ lèi ba? Gǎnjǐn qù xiūxi yíxià.
피곤하시죠? 얼른 가서 좀 쉬세요.
你 (때) 너 / 累 (형) 지치다 / 吧 문장 끝에 쓰여 추측과 확인을 의미 / 赶紧 (부) 서둘러 / 去
(동) 가다 / 一下 좀 ~하다

HSK2

HSK3

需要

[xūyào]

→ ↘

쉬 야오

[동] 필요하다

어린아이가 쉬야(오줌)을 눌 때는 미니 소변기가 필요하다.

我们需要他们的同意。
Wǒmen xūyào tāmen de tóngyì.
우리는 그들의 동의가 필요해요.
我们 [대] 우리 / 他们 [대] 그들 / 的 [조] ~의 / 同意 [명] 동의

HSK4

严格

[yángé]

↗ ↗

앤 끄어

[형] 엄격하다

엄격한 아버지가 "앤 티비 못 보게 끄어(꺼)!"

老板对我很严格。
Lǎobǎn duì wǒ hěn yángé.
사장님은 나에겐 아주 엄격하다.
老板 [명] 사장 / 对 ~에 대하여 / 我 [대] 나 / 很 [부] 매우

HSK3

要求

[yāoqiú]

→ ↗

야오 치오우

[동] 요구하다

"야! 옷 치워"라며 엄마가 화난 채로 요구한다.

客户的要求很严格。
Kèhù de yāoqiú hěn yángé.
고객사 요구 사항이 정말 타이트해요.
客户 [명] 고객 / 的 [조] ~의 / 很 [부] 매우 / 严格 [형] 엄격하다

HSK3

一般

[yìbān]

↘ →

이 빤

[형] 보통이다, 비슷하다

저 아이 어릴 땐 참 이빴(뻤)는데 지금 보니 보통이군.

这个菜的味道一般般。
Zhège cài de wèidao yìbānbān.
이 음식 맛 그저 그렇네요.
这个 [대] 이것 / 菜 [명] 음식 / 的 [조] ~의 / 味道 [명] 맛 / 一般般 [형] 보통이다

55 Day

HSK3

应该

잉? 가위가 어디 갔지? 반드시 여기 있어야 해.

[yīnggāi]
→ →
잉 가이

[동] 반드시 ~해야 한다

我们应该好好利用这个机会。
Wǒmen yīnggāi hǎohāo lìyòng zhège jīhuì.
우리는 이 기회를 잘 이용해야 해요.
我们 [대] 우리 / 好好 [부] 잘 / 利用 [동] 이용하다 / 这个 [대] 이것 / 机会 [명] 기회

HSK4

应聘

잉? 핀란드에 일자리가 많다고? 우리 지원하자!

[yìngpìn]
↘ ↘
잉 핀

[동] 지원하다

我想应聘到贵司工作。
Wǒ xiǎng yìngpìn dào guìsī gōngzuò.
귀사에 지원하려고 합니다.
我 [대] 나 / 想 [동] 바라다 / 到 ~에 / 贵司 [명] 귀사 / 工作 [동] 일하다

HSK3

影响

인상이 깊은 사람은 뇌리에 오래 남아 영향을 준다.

[yǐngxiǎng]
∨ ∨
잉 시앙

[동] 영향을 주다

这次的合同将对我们的公司重大的影响。
Zhècì de hétong jiāng duì wǒmen de gōngsī zhòngdà de yǐngxiǎng.
이번 계약은 우리 회사에 중대한 영향을 끼칠 것입니다.
这次 [명] 이번 / 的 [조] ~의 / 合同 [명] 계약 / 将 [부] 장차 / 对 ~에 대하여 / 我们 [대] 우리 / 公司 [명] 회사 / 重大 [형] 중대하다

以为

[yǐwéi]

ⅴ ↗

이 웨이

(동) 생각하다, 여기다

이것 **이외**에 다른 아이디어를 <u>생각해</u>와.

我**以为**你是中国人。
Wǒ yǐwéi nǐ shì zhōngguórén.
나는 당신이 중국인인 줄 알았어요.
我 (대) 나 / 你 (대) 너 / 是 (동) ~이다 / 中国人 (명) 중국인

원준쌤의 중국어 팁! – 있잖아, 내가 곰곰이 생각해봤는데…

'생각하다', '여기다'라는 의미로 认为[rènwéi 런 웨이]와 以为[yǐwéi 이 웨이]가 있는데요(Day 51 참고). 두 개의 뜻 차이를 잘 구분해야 합니다. 认为는 어떤 생각을 확정시켜 판단을 내리는 것입니다. 예를 들어 我认为不会下雨[Wǒ rènwéi búhuì xiàyǔ 워 런웨이 부후에이 시아위] '나는 비가 안 올 거라고 생각해'를 보면 비가 오지 않을 것이라는 내 생각을 그대로 말한 거죠. 하지만 以为의 경우에는 조금 다릅니다. 예를 들어 我以为你是中国人[Wǒ yǐwéi nǐ shì zhōngguórén 워 이웨이 니 스 종구오런] '나는 네가 중국인 줄 알았어'라고 말한다면 '나는 네가 중국인이라고 생각했었는데 알고 보니 넌 중국인이 아니었어'라는 말이 됩니다. 즉 사실과 다르게 잘못 생각하고 있었다는 뜻이죠. 이 미묘한 차이를 잘 기억해두길 바랍니다.

一样

[yíyàng]

↗ ↘

이 양

(형) 똑같다

김양과 **이양**은 엄청 친해서 헤어스타일도 <u>똑같아</u>.

韩国菜的味道和中国菜不**一样**。
Hánguócài de wèidao hé zhōngguócài bùyíyàng.
한국 음식과 중국 음식은 맛이 달라요.
韩国菜 (명) 한국 요리 / 的 (조) ~의 / 味道 (명) 맛 / 和 (접) ~과 / 中国菜 (명) 중국 요리 / 不一样 (형) 같지 않다

有名

[yǒumíng]

ⅴ ↗

요우 밍

(형) 유명하다

"**요(Yo)~밍**이 잘 지내?" 중국 **유명** NBA 스타 야오밍과 인사하다.

深圳有什么**有名**的小吃?
Shēnzhèn yǒu shénme yǒumíng de xiǎochī?
선전은 어떤 과자가 유명해요?
深圳 (명) 선전 / 有 (동) 있다 / 什么 (대) 어떠한 / 的 (조) ~의 / 小吃 (명) 간식

HSK2

远

[yuǎn]

∨

위앤

형 멀다

유엔 본부가 있는 뉴욕이랑 한국은 상당히 <u>멀다</u>.

听说你来自很<u>远</u>的地方。

Tīngshuō nǐ láizì hěn yuǎn de dìfang.

듣기로 당신은 엄청 먼 곳에서 왔다고 들었어요.

听说 통 듣기로는 ~라 한다 / 你 때 너 / 来自 통 ~에서 오다 / 很 부 매우 / 的 조 ~의 / 地方 명 지방

HSK4

原谅

[yuánliàng]

↗ ↘

위앤 리앙

통 용서하다, 양해하다

영화 〈테이큰〉에서 악당이 머리 **위에** 리암 니슨을 발견하고 **용서**를 **구하다**.

请<u>原谅</u>我的错误。

Qǐng yuánliàng wǒ de cuòwù.

제 실수에 대해 양해를 구합니다.

请 상대방에게 어떤 일을 부탁하거나 권할 때 쓰는 정중한 표현 / 我 때 나 / 的 조 ~의 / 错误 명 잘못

HSK4

允许

[yǔnxǔ]

∨ ∨

윈 쉬

통 허락하다, 허가하다

스위스의 아윈쉬타인(아인슈타인) 박물관에 가도록 <u>허락해주세요</u>!

谁<u>允许</u>李科长参加这会议?

Shéi yǔnxǔ lǐ kēzhǎng cānjiā zhè huìyì?

누가 이 회의에 이 과장도 참석하라고 했어요?

谁 때 누가 / 李 명 성씨 이 / 科长 명 과장 / 参加 통 참가하다 / 这 때 이 / 会议 명 회의

HSK3

长

[zhǎng]

∨

쟝

형 나이가 많다 통 성장하다

연장자는 **나이가 많은** 사람을 지칭한다.

他比我还年<u>长</u>一点。

Tā bǐ wǒ hái nián zhǎng yìdiǎn.

그 사람은 저보다 나이가 약간 더 많아요.

他 때 그 / 比 ~보다 / 我 때 나 / 还 부 더 / 年 명 나이 / 一点 약간

找

HSK2

[zhǎo]

∨

쟈오

동 찾다

쟈, 오늘 찾을 추억의 가수 슈가맨은 누구인가요?

出口前, 我找到了我的同事。

Chūkǒu qián, wǒ zhǎodào le wǒ de tóngshì.

출구 앞에서 나는 동료를 찾았다.

出口 명 출구 / 前 명 앞 / 我 때 나 / 找到 동 찾아내다 / 了 동사나 형용사 뒤에 쓰여
동작 또는 변화가 완료되었음을 나타냄 / 的 조 ~의 / 同事 명 회사 동료

招聘

HSK4

[zhāopìn]

→ ↘

쟈오 핀

동 모집하다

쟈~ 오세요! 핀란드로 일하러 갈 사람 모집합니다!

老板总是说: "我想招聘聪明的人。"

Lǎobǎn zǒngshì shuō: "Wǒ xiǎng zhāopìn cōngming de rén."

사장님은 항상 얘기한다: "좀 똑똑한 애로 뽑고 싶어."

老板 명 사장 / 总是 부 항상 / 说 동 말하다 / 我 때 나 / 想 동 바라다 / 聪明 형 총명
하다 / 的 조 ~의 / 人 명 사람

正式

HSK4

[zhèngshì]

↘ ↘

쩡 스△

형 정식적인

**가상 부부였던 윤정수와 김숙은 정식 부부인 듯 잘 어울
렸다.**

我们公司的正式职员是一万多。

Wǒmen gōngsī de zhèngshì zhíyuán shì yíwàn duō.

우리 회사의 정직원 수는 만 명 이상이다.

我们 때 우리 / 公司 명 회사 / 的 조 ~의 / 职员 명 직원 / 是 동 ~이다 / 一万 10000 /
多 형 많다

直接

HSK4

[zhíjiē]

↗ →
즈△ 지에

⃝형 직접적인

주지(스님)에 복광 스님을 선출합니다! 불교도 주지 스님을 **직접** 선출한다.

你直接跟他联系一下。

Nǐ zhíjiē gēn tā liánxì yíxià.

그 사람과 직접 연락해보세요.

你 ⃝대 너 / 跟 ⃝접 ~와 / 他 ⃝대 그 / 联系 ⃝동 연락하다 / 一下 좀 ~하다

重要

HSK3

[zhòngyào]

↘ ↘
쫑 야오

⃝형 중요하다

종 야호! 내가 친다: 새해를 맞이하는 **중요한** 시간에 제야의 종을 직접 친다.

这次会议对我们十分重要。

Zhècì huìyì duì wǒmen shífēn zhòngyào.

이번 회의는 우리에게 너무 중요해요.

这次 ⃝명 이번 / 会议 ⃝명 회의 / 对 ~에게 / 我们 ⃝대 우리 / 十分 ⃝부 매우

赚

HSK4

[zhuàn]

↘
쮸안

⃝형 이윤을 얻다, 벌다

이번엔 **주, 안주(줘 안줘)?** 회사 **이윤이 나자** 배당금에 관심이 쏠린다.

这次交易我们公司赚了很多钱。

Zhècì jiāoyì wǒmen gōngsī zhuàn le hěn duō qián.

이번 거래로 우리 회사는 돈을 많이 벌었다.

这次 ⃝명 이번 / 交易 ⃝명 거래 / 我们 ⃝대 우리 / 公司 ⃝명 회사 / 了 동사나 형용사 뒤에 쓰여 동작 또는 변화가 완료되었음을 나타냄 / 很 ⃝부 매우 / 多 ⃝형 많다 / 钱 ⃝명 돈

专门

HSK4

[zhuānmén]

→ ↗
쮸안 먼

⃝형 전문적인

쫜(John)은 **먼** 곳에 사는 애인에게도 잘하는 연애 **전문**가야.

我专门从事生产管里。

Wǒ zhuānmén cóngshì shēngchǎnguǎnlǐ.

나는 생산관리에 전문적으로 종사한다.

我 ⃝대 나 / 从事 ⃝동 종사하다 / 生产管里 생산관리

仔细

[zǐxì]
ˇ ˋ
쯔 시

형 세심하다, 조심하다

풀밭에서는 **쯔쯔가무시**에 걸리지 않도록 <u>조심하렴</u>.

老板仔细地看我的报告书。
Lǎobǎn zǐxì de kàn wǒ de bàogàoshū.
사장님이 내 보고서를 꼼꼼히 읽어보았다.
老板 명 사장 / 地 조 동사나 형용사 앞에 쓰여 상태를 표시하는 보어를 연결 / 看 동 보다 / 我 대 나 / 的 조 ~의 / 报告书 명 보고서

尊重

[zūnzhòng]
→ ˋ
쭌 쫑

동 존중하다

준이는 **종종** 내 의견을 <u>존중하고</u> 따라준다.

我尊重他们的酒文化。
Wǒ zūnzhòng tāmen de jiǔwénhuà.
나는 그들의 술 문화를 존중합니다.
我 대 나 / 他们 대 그들 / 的 조 ~의 / 酒文化 술 문화

作用

[zuòyòng]
ˋ ˋ
쭈오 용

동 작용하다, 영향을 미치다

에어컨이 저에게 정통으로 **영향을 미쳐서** 너무 **추워용**!

这报告书作用公司。
Zhè bàogàoshū zuòyòng gōngsī.
이 보고서는 회사에 영향을 미친다.
这 대 이 / 报告书 명 보고서 / 公司 명 회사

行有不得, 反求諸己。

Xíng yǒu bù dé, fǎn qiú zhū jǐ.

"행함에 얻지 못함이 있으면
자기 자신에게서 그 원인을 찾는다."

学而时习之, 不亦说乎。

Xué ér shí xí zhī, bú yì yuè hū.

"배우고 때때로 그것을 익히면 어찌 즐겁지 않겠는가."

중국에서 내 이름은
리위앤쮠? 위앤쮠? 아쮠?

중국 선전, 포괄적으로 중국 남방 지역에서는 이름에 阿[a 아]를 붙이는 경향을 볼 수 있다. 중국에서 내 이름 석 자 '리위앤쮠'[李沅俊 lǐyuánjùn 이원준]에서 '쮠'[俊 jùn 쥰]이라는 이름으로 사용하던 나는 선전에서 생활하는 동안 어느새 중국 지인들에게서 '아쮠'으로 불리고 있었다.

이게 무슨 말인가 싶어 물어보니 상대방과 친근, 친밀감의 의미로 '阿'를 붙이기도 한다는 것이었다. 또 다른 의미로는 '쮠'만 부르면 한 글자로 딱 끊기는 느낌이지만 '아~쮠'이라고 하면 말할 때도 뭔가 부드럽다고 설명을 해준 중국인 친구도 있었다. 이는 우리나라의 호칭 문화와도 비슷한 느낌이다.

선전에서 회사 생활을 할 때의 일이다. 아주 고약한 동료가 있었는데 회사 내 다른 동료들 사이에서도 유명한 악질이었다. 나 또한 그와는 그리 썩 좋은 관계가 아니었는데 모두들 내게 '아쮠'으로 부를 때 그만은 내게 무조건 '리위앤쮠'이라고 불렀다. 우리나라도 그다지 친하지 않거나 어색하면 성을 붙이고, 친근하면 이름만 부드럽게 부르는 경향과 비슷했다.

참고로 회사 사장님 또한 평소에 나를 부를 땐 '아쮠', 이보다는 조금 엄중한 느낌의 분위기라면 '위앤쮠' 그리고 사장님이 기분이 안 좋으실 때나 분위기가 부드럽지 않을 때면 나는 어김없이 '리위앤쮠'이라고 불렸다. (그렇다고 꼭 성을 붙인다, 안 붙인다는 조건만으로 상대방과의 관계나 분위기를 따질 수는 없다.)

이렇게 '阿'의 쓰임을 안 뒤로 처음 만나는 사람에게 내 소개를 할 때 처음부터 "니하오? 워 스 아쥔."[你好? 我是阿俊。안녕하세요? 저는 아준입니다.]이라고 인사를 나누곤 했다. 중국인 친구 한 명이 이 모습을 보고 내게 아주 좋은 지적을 해준 적이 있다. 나를 처음 만나는 사람은 내가 누군지, 풀 네임이 뭔지 모르니 처음에 소개할 때는 이름 석 자를 다 얘기하고 난 뒤에 무엇이라고 불러 달라고 전달하는 게 훨씬 명확하다는 것이다.

"니하오? 워 스 리위앤쥔. 니 크어이 지아오 워 아쥔. 런스 니 헌 까오씽!"[你好? 我是李沅俊. 你可以叫我阿俊. 认识你很高兴! 안녕하세요? 저는 이원준입니다. 저한테 편하게 아준으로 불러주세요. 만나서 반갑습니다!]

Part 4

동사·형용사 외
쓰기 유용한 단어

57
Day

按时

[ànshí]

↘ ↗
안 스△

(부) 제때에, 제시간에

왜 버스는 항상 <u>제시간에</u> 정류장에 안 스(서)?

飞机已经**按时**起飞了。
Fēijī yǐjīng ànshí qǐfēi le.
비행기는 이미 제시간에 맞춰 이륙했어요.
飞机 (명) 비행기 / 已经 (부) 이미 / 起飞 (동) 이륙하다 / 了 동사나 형용사 뒤에 쓰여 동작 또는 변화가 완료되었음을 나타냄

按照

[ànzhào]

↘ ↘
안 짜오

~에 따라, ~에 근거하여

새벽에 월드컵이 시작함<u>에 따라</u> 나는 아직 **안 자오**.

我**按照**她的体型给她礼物。
Wǒ ànzhào tā de tǐxíng gěi tā lǐwù.
난 그녀의 체형에 맞게 선물해주었어.
我 (대) 나 / 她 (대) 그녀 / 的 (조) ~의 / 体型 (명) 체형 / 给 (동) 주다 / 礼物 (명) 선물

百

[bǎi]

∨
바이

(숫자) 100

100세에 세상을 떠나신 우리 할머니, 슬프지만 이젠 **바이**….

这是一**百**块吗? 这么便宜呢。
Zhè shì yìbǎi kuài ma? Zhème piányi ne.
이거 100위안이에요? 뭐 이리 싸지.
这 (대) 이 / 是 (동) ~이다 / 一 하나 / 块 중국 화폐 단위 / 吗 의문을 나타냄 / 这么 (대) 이렇게 / 便宜 (형) 싸다 / 呢 의문문의 끝에 써서 의문을 나타냄

百分之

[bǎifēnzhī]

∨ → →
바이 펀◇ 즈△

퍼센트(%)

발 이쁜 **쯔**위는 남자들 중 몇 **퍼센트**가 좋아할까요?

销售额比去年减少了百分之五十。
Xiāoshòué bǐ qùnián jiǎnshǎo le bǎifēnzhī wǔshí.
매출액이 작년 대비 50%나 감소했다.

销售额 몡 매출액 / **比** ~보다 / **去年** 몡 작년 / **减少** 통 감소하다 / **了** 동사나 형용사 뒤에 쓰여 동작 또는 변화가 완료되었음을 나타냄 / **五十** 50

半

[bàn]

↘
빤

절반, 1/2

수박을 **반**으로 쪼개 **절반**씩 가져가자.

我喝掉了半瓶烧酒。
Wǒ hēdiào le bàn píng shāojiǔ.
소주 반 병을 마셔버렸다.

我 떼 나 / **喝掉** 통 마셔버리다 / **了** 동사나 형용사 뒤에 쓰여 동작 또는 변화가 완료되었음을 나타냄 / **瓶** 양 병 / **烧酒** 몡 소주

宝贝

[bǎobèi]

∨ ↘
바오 뻬이

몡 귀염둥이, 보배

영화 〈타짜〉에서 아귀 왈 "워메~ **귀여운 것**, 바로 밑장 **빼**냐?"

宝贝，我爱你。
Bǎobèi, wǒ ài nǐ.
예쁜아, 사랑해.

我 떼 나 / **爱** 통 사랑하다 / **你** 떼 너

HSK4

倍

[bèi]

↘

뻬이

양 배, 곱절

매출이 몇 **배**나 떨어진 거야? 두 **배** 이게 사실이야?

他比我挣的两倍。
Tā bǐ wǒ zhèng de liǎngbèi.
걔는 나보다 두 배나 더 벌어.
他 때 그 / 比 ~보다 / 我 때 나 / 挣 통 벌다 / 的 조 ~의 / 两倍 두 배

HSK5

彼此

[bǐcǐ]

ˇ ˇ

비 츠

명 피차, 서로

어둠 속에서 환한 달빛이 **서로**의 얼굴에 **비츠**(추)네.

晕! 你们彼此认识吗?
Yūn! Nǐmen bǐcǐ rènshi ma?
헐! 너희 서로 아는 사이야?
晕 갑 헐 / 你们 때 너희 / 认识 통 알다 / 吗 의문을 나타냄

HSK5

毕竟

[bìjìng]

↘ ↘

삐 징

부 결국, 역시

여자 친구를 계속 놀려댔더니 **결국 삐짐**!

这也毕竟不是你的错误。
Zhè yě bijìng búshì nǐ de cuòwù.
이것 역시 네 잘못이 아니야.
这 때 이것 / 也 부 또한 / 不是 ~이 아니다 / 你 때 너 / 的 조 ~의 / 错误 명 잘못

HSK5

必然

[bìrán]

↘ ↗

삐 란△

부 반드시, 필연적으로

비랑 바람 상태를 보니 오늘 **반드시** 태풍이 올 거야.

今晚他必然回来。
Jīnwǎn tā bìrán huílái.
오늘 밤에 걔는 반드시 돌아올 거야.
今晚 명 오늘 밤 / 他 때 그 / 回来 통 돌아오다

HSK5

比如

[bǐrú]

∨ ↗

비 루△

(접) 만약에, 예컨대

만약 장마철에 내가 매일 **비루**(빗물로) 샤워한다면?

比如你喜欢什么类型的人?

Bǐrú nǐ xǐhuan shénme lèixíng de rén?

예를 들면 어떤 스타일의 사람을 좋아해?

你 (대) 너 / 喜欢 (동) 좋아하다 / 什么 (대) 무슨 / 类型 (명) 유형 / 的 (조) ~의 / 人 (명) 사람

HSK3

必须

[bìxū]

↘ →

비 쉬

(부) 반드시, 꼭

춤추는 모습이 **꼭** 원숭이 같아 **비쉭**(피식) 웃음이 난다.

你明天晚上7点必须到达这里。

Nǐ míngtiān wǎnshàng qīdiǎn bìxū dàodá zhèlǐ.

내일 저녁 7시에는 반드시 여기에 도착해야 해.

你 (대) 너 / 明天 (명) 내일 / 晚上 (명) 저녁 / 7点 7시 / 到达 (동) 도착하다 / 这里 (대) 여기

HSK5

不但~而且

[búdàn~érqiě]

↗ ↘ ↗ ∨

부 딴 얼△ 치에

(접) ~뿐만 아니라

부따(부처님)**는** 옳지예! 인자할 **뿐만 아니라** 자비로워!

我的朋友不但心细, 而且亲切。

Wǒ de péngyou búdàn xīnxì, érqiě qīnqiè.

내 친구는 세심할 뿐만 아니라 친절해.

我 (대) 나 / 的 (조) ~의 / 朋友 (명) 친구 / 心细 (형) 세심하다 / 亲切 (형) 친절하다

不过

[búguò]
↗ ↘
부 꾸오

(접) 그러나, 그런데

에미야, 북어국 끓였구나. 그런데 맛이 좀 짜다.

深圳的生活不错, 不过天气有点湿润。
Shēnzhèn de shēnghuó búcuò, búguò tiānqì yǒudiǎn shīrùn.
선전 생활은 다 괜찮은데, 날씨가 약간 습해.
深圳 (명) 선전 / 的 (조) ~의 / 生活 (명) 생활 / 不错 (형) 괜찮다 / 天气 (명) 날씨 / 有点 (부) 약간 / 湿润 (형) 습하다

不仅

[bùjǐn]
↘ ∨
부 진

(접) ~일 뿐만 아니라

성장 부진은 아이뿐만 아니라 부모에게도 스트레스야.

我的女朋友不仅漂亮, 而且很温柔。
Wǒ de nǚpéngyou bùjǐn piàoliang, érqiě hěn wēnróu.
제 여자 친구는 예쁠 뿐만 아니라 상냥해요.
我 (대) 나 / 的 (조) ~의 / 女朋友 (명) 여자 친구 / 漂亮 (형) 아름답다 / 而且 (접) 게다가 / 很 (부) 매우 / 温柔 (형) 상냥하다

不客气

[búkèqi]
↗ ↘
부 크어 치

천만에요

불 꺼진 후 감사를 전하자 소방관 왈 "천만에요!"

A : 谢谢.　　B : 不客气!
A : Xièxie.　　B : búkèqi!
A : 감사합니다.　B : 천만에요!

원준쌤의 중국어 팁! - 아유 별말씀을요~

우리나라에선 누군가 감사의 표현을 했을 때 대답을 "천만에요"라는 말 대신 "별말씀을요" 혹은 "아닙니다"라는 표현을 자주 쓰는 것 같아요. 영어권에서 'You're welcome'처럼 중국에서도 누군가 감사를 표했을 때 그에 대한 답으로 위 예문과 같이 不客气를 일반적으로 사용합니다. 똑같은 표현으로 不用客气[búyòngkèqi 부용 크어치] 또는 不用谢[búyòngxiè 부용 씨에]도 자주 들을 수 있으니 같이 알아두도록 합시다.

不然

[bùrán]

↘ ↗

부 란△

(접) 그렇지 않으면

계속 물을 **부으랑**(부어라)! <u>그렇지 않으면</u> 잘 안 씻겨.

你赶紧收拾一下! 不然我们就要迟到了。
Nǐ gǎnjǐn shōushi yíxià! bùrán wǒmen jiùyào chídào le.
빨리 짐 챙겨요! 아니면 우리 늦을 거예요.

你 (대) 너 / 赶紧 (부) 서둘러 / 收拾 (동) 준비하다, 꾸리다 / 一下 좀 ~하다 / 我们 (대) 우리 / 就要 (부) 머지않아 / 迟到 (동) 지각하다 / 了 문장의 끝에 쓰여서 변화 또는 새로운 상황의 출현을 표시함

不如

[bùrú]

↘ ↗

부 루△

~만 못하다, ~하는 편이 낫다

속이 더**부룩**할 때는 바늘로 손을 따<u>는 편이 낫지</u>.

深圳大学食堂的菜不如我做的菜好吃。
Shēnzhèndàxué shítáng de cài bùrú wǒ zuò de cài hǎochī.
선전대학교 식당 음식은 내가 만든 음식보다 맛이 없다.

深圳大学 선전대학 / 食堂 (명) 식당 / 的 (조) ~의 / 菜 (명) 음식 / 我 (대) 나 / 做 (동) 만들다 / 好吃 (형) 맛있다

趁

[chèn]

↘

천

~을 틈타서, ~을 이용해서

<u>천을 이용해서</u> 멋진 와이셔츠를 만들어내다.

趁这个周末, 我打算去香港旅游。
Chèn zhège zhōumò, wǒ dǎsuàn qù Xiānggǎng lǚyóu.
이번 주말을 이용해서 홍콩에 여행 갈 계획이야.

这个 (대) 이, 이것 / 周末 (명) 주말 / 我 (대) 나 / 打算 (동) ~할 계획이다 / 去 (동) 가다 / 香港 (명) 홍콩 / 旅游 (명) 여행

重新

[chóngxīn]

↗ →

총 신

(부) 다시, 재차

군대에서는 <u>재차</u> 총을 메고 **신**을 신는 훈련이 반복돼.

快点来, 电影重新开始了。
Kuàidiǎn lái, diànyǐng chóngxīn kāishǐ le.
빨리 와, 영화 다시 시작했어.

快点 서둘러 / 来 (동) 오다 / 电影 (명) 영화 / 开始 (동) 시작하다 / 了 동사나 형용사 뒤에 쓰여 동작 또는 변화가 완료되었음을 나타냄

HSK3

除了

[chúle]

↗
츄 르어

웹 ~을 제외하고

원준이**를 제외하고** 우리끼리 클럽에 춤**추러** 가자.

除了我, 同学们都去酒吧喝酒。
Chúle wǒ, tóngxuémen dōu qù jiǔbā hējiǔ.
나 빼고 학교 애들 다 술 마시러 갔어.
我 떼 나 / 同学们 동창들 / 都 위 모두 / 去 통 가다 / 酒吧 명 술집 / 喝酒 통 술을 마시다

HSK2

从

[cóng]

↗
총

~에서부터

총은 용의자가 있던 지점**에서부터** 발사됐어.

我昨天刚从韩国过来。
Wǒ zuótiān gāng cóng Hánguó guòlái.
나는 어제 막 한국에서 들어왔어요.
我 떼 나 / 昨天 명 어제 / 刚 위 막 / 韩国 명 한국 / 过来 통 오다

HSK5

的确

[díquè]

↗ ↘
디 취에

위 확실히, 정말

술 마실 땐 모르지만 **확실히** 마시고 난 **뒤**에 **취해**.

我的闺蜜的确很丑。
Wǒ de guīmì díquè hěn chǒu.
내 절친은 확실히 못생겼어.
我 떼 나 / 的 조 ~의 / 闺蜜 명 절친(여자 사이에만 사용) / 很 위 매우 / 丑 혱 못생기다

206

第一

쟨 **제일** 열심히 공부하지만 성적은 **뒤**에서 **이등**이야.

[dìyī]

↘ →

띠 이

첫 번째, 제일

我第一次过来中国。
Wǒ dìyícì guòlái Zhōngguó.
저 중국에는 처음 왔어요.

我 (대) 나 / 第一次 (명) 맨 처음 / 过来 (동) 오다 / 中国 (명) 중국

都

도우부터 토핑까지 **모두** 고객이 선택할 수 있는 피자

[dōu]

→

또우

(부) 모두, 전부

我们班同学们都是韩国人。
Wǒmen bān tóngxuémen dōu shì hánguórén.
우리 반 친구들은 모두 한국인이다.

我们 (대) 우리 / 班 (명) 반 / 同学们 학우들 / 是 (동) ~이다 / 韩国人 (명) 한국인

对不起

생일인데 **두 에이(AA)**급 선물을 **부치**지 못해 **미안해**.

[duìbuqǐ]

↘ ∨

뚜에이 부 치

미안하다, 죄송하다

对不起。
Duìbuqǐ.
죄송합니다.

원준쌤의 중국어 팁! - 对不起 외에 不好意思도 있어요!

미안하다는 표현을 처음 배울 때 对不起[duìbuqǐ 뚜에이 부 치]라는 말을 배웁니다. 외국인이 배우는 어학 서적에도 이 단어들이 주로 등장하구요. 그런데 제가 생활을 하다 보니 실례가 되는 상황이었을 때 对不起라는 단어는 쉽게 들을 수 없었습니다. 그 대신 '不好意思[bùhǎoyìsi 뿌 하오 이스]'를 많이 들었어요. 이 표현 역시 미안하다는 의미인데 중국인과의 대화에서 정말 자주 나오는 표현입니다. 对不起는 정중한 표현, 不好意思는 그보다는 좀 더 일반적인 느낌입니다. 对不起는 '죄송합니다', 不好意思 '미안합니다'라는 느낌 정도로 익히고 평소에는 不好意思를 자주 사용하도록 해요. 물론 상황에 따라서 정말 엄중할 때는 对不起도 써야겠죠?

多少

[duōshao]

→

뚜오 샤오

때 얼마, 몇

아까 밥 먹었으면서 간식 <u>몇</u> 개를 <u>뚜오</u>(또) 사오니?

这是多少钱?
Zhè shì duōshǎo qián?
이거 얼마예요?
这 때 이거 / 是 통 ~이다 / 钱 몡 돈

而

[ér]

↗

얼△

접 그렇지만, 그러나

가곡에는 조상들의 <u>얼</u>이 담겨 있어. 잘 듣진 않<u>지만</u>….

深圳的冬天是凉而不冷。
Shēnzhèn de dōngtiān shì liáng ér bùlěng.
선전의 겨울은 선선하지만 춥지는 않아요.
深圳 몡 선전 / 的 죄 ~의 / 冬天 몡 겨울 / 是 통 ~이다 / 凉 혱 시원하다 / 不 뮈 부정을 나타냄 / 冷 혱 춥다

反而

[fǎnér]

∨ ↗

판◇ 얼△

뮈 오히려, 도리어

요즘 도박장 장사가 너무 안 돼서 <u>오히려</u> 판이 얼었어.

你每天抽烟, 反而比我更健康呢。
Nǐ měitiān chōuyān, fǎnér bǐ wǒ gèng jiànkāng ne.
너는 매일 담배 피우는데도 오히려 나보다 더 건강하냐.
你 때 너 / 每天 몡 매일 / 抽烟 통 담배를 피우다 / 比 ~보다 / 我 때 나 / 更 뮈 더 / 健康 혱 건강하다 / 呢 의문을 나타냄

仿佛

[fǎngfú]

∨ ↗

팡◇ 푸◇

뮈 마치 ~인 것 같다
혱 비슷하다

가공식품인데 <u>마치</u> 팡푸(방부)제가 없는 <u>것 같이</u> 좋아.

深圳的天气很热, 我仿佛在太阳旁边。
Shēnzhèn de tiānqì hěn rè, wǒ fǎngfú zài tàiyáng pángbiān.
선전 날씨가 너무 더워서 마치 태양 옆에 있는 것 같아.
深圳 몡 선전 / 的 죄 ~의 / 天气 몡 날씨 / 很 뮈 매우 / 热 혱 덥다 / 我 때 나 / 在 ~에 / 太阳 몡 태양 / 旁边 몡 옆

反正

HSK5

反正

[fǎnzhèng]

∨ ↘

판◇ 쩡

🟦 아무튼, 어쨌든

<u>어쨌든</u> 판정이 나면 억울해도 결과에 승복해야 한다.

反正我先走了。拜拜。
Fǎnzhèng wǒ xiān zǒu le. Bàibai.
어쨌든 나 먼저 갈게요. 안녕.
我 🃏 나 / 先 🟦 먼저 / 走 🟩 가다 / 了 문장의 끝에 쓰여서 변화 또는 새로운 상황의
출현을 표시함 / 拜拜 🟨 안녕

원준쌤의 중국어 팁! - 빠빠이~

서로 헤어질 때 안녕이라는 인사로 拜拜[bàibai 빠이바이]를 많이 씁니다. 拜拜는 Bye-Bye의 영어 발음 그대로 나온
단어인데 우리나라의 외래어처럼 중국에서도 그대로 단어로 굳어졌습니다. 전화하다가 끊을 때도 역시 마지막 인사로
拜拜를 써도 어색하지 않으니 잘 알아두고 써먹도록 합시다!

HSK5

纷纷

[fēnfēn]

→ →

펀◇ 펀◇

🟦 연달아, 분분하다

<u>연달아</u> 펑펑 터지는 폭죽이 예뻐!

在9点, 学生们纷纷才到达教室。
Zài jiǔdiǎn, xuéshēngmen fēnfēn cái dàodá jiàoshì.
9시가 되자, 학생들이 잇달아 교실에 도착했다.
在 ~에 / 9点 9시 / 学生们 학생들 / 才 🟦 ~에야 비로소 / 到达 🟩 도착하다 / 教室 🟨
교실

否则

[fǒuzé]
∨ ↗
포우◇ 즈어

쩝 만약 그렇지 않으면

장거리 운전 시 **만약** 쉬어주<u>지 않으면</u> 차가 **퍼져**.

多穿衣服, 否则你会感冒了。
Duō chuān yīfu, fǒuzé nǐ huì gǎnmào le.
옷 좀 더 껴입어, 안 그러면 감기 걸릴 거야.
多 휑 많다 / 穿 동 입다 / 衣服 몡 옷 / 你 떼 너 / 会 동 ~할 것이다 / 感冒 동 감기에
걸리다 / 了 문장의 끝에 쓰여서 변화 또는 새로운 상황의 출현을 표시함

没关系

[méiguānxi]
↗ →
메이 꾸안 시

괜찮다, 관계가 없다

저 사람 **매일 관시**(관심)있게 지켜봤는데 <u>괜찮더라</u>.

没关系。
Méiguānxi.
괜찮아요. 문제없어요.

由于

[yóuyú]
↗ ↗
요우 위

동 ~에 의하다, ~때문에

요기 위에 물이 새는 건 아마 윗집 배수관 **때문일** 거야.

由于下了大雨, 路上太滑。
Yóuyú xià le dà yǔ, lùshang tài huá.
비가 많이 와서 길 위가 엄청 미끄러워요.
下雨 동 비가 오다 / 了 동사나 형용사 뒤에 쓰여 동작 또는 변화가 완료되었음을 나타
냄 / 大 휑 크다 / 路上 몡 길 위 / 太 튀 너무 / 滑 휑 미끄럽다

挺

[tǐng]
∨
팅

튀 매우 휑 특출나다

경찰이 총을 **팅** 쏘자 범인이 **매우** 빠르게 도망갔어.

我挺好的。
Wǒ tǐng hǎo de.
요즘 너무 잘 지냈어요.
我 떼 나 / 好 휑 좋다 / 挺…的 매우 ~하다

喂

[wéi]
↘
웨이

깝 (전화상) 여보세요

"여보세요~ 준식당입니다" 전화를 받고 있는 웨이터

喂, 李老师在吗?
Wéi, lǐ lǎoshī zài ma?
여보세요, 이 선생님 계세요?
李 몡 성씨 이 / 老师 몡 선생님 / 在 통 있다 / 吗 의문문을 나타냄

越

[yuè]
↘
위에

튐 점점 통 뛰어넘다

허들 경기는 장애물 위에를 뛰어넘어 가야 해.

你说的中文越来越好。
Nǐ shuō de zhōngwén yuèláiyuè hǎo.
갈수록 중국어가 좋아지네요.
你 때 너 / 说 통 말하다 / 的 조 ~의 / 中文 몡 중국어 / 越来越 튐 점점 / 好 혱 좋다

再见

[zàijiàn]
↘ ↘
짜이 찌앤

안녕, 또 뵙겠습니다

다시 봐요! 아직도 여드름 더 짤 것 있지예!

到时候再见!
Dàoshíhou zàijiàn!
그때 다시 보자!
到时候 그때 가서

怎么样

[zěnmeyàng]
∨ ∨ ↘
전 므어 양

때 어떻다, 어떠하다

이 전 뭐야? 너무 맛있는데 또 만들어주면 어때?

你的身体怎么样?
Nǐ de shēntǐ zěnmeyàng?
건강 좀 어떠세요?
你 때 너 / 的 조 ~의 / 身体 몡 신체

중국어를 발판삼아
더 높이 나는 새가 되길

　내 주위에 중국이 싫다는 지인이 꽤나 많다. 특히나 2020년 코로나 사태로 인해 더욱더 혐오하는 사람들이 부쩍 늘어난 느낌이다. 나 또한 우리나라를 너무나도 사랑하는 한 사람으로서 가끔씩 뉴스에 뜨는 중국뿐만 아니라 일본 등 주변 나라들과 대립할 때면 욱하고 답답할 때가 한두 번이 아닌 걸 보니 충분히 그들의 마음도 공감이 된다.

　하지만 우리가 냉정해지고 차가워질 필요는 있을 것 같다. 아무리 중국이 밉다 한들 예전 문호를 개방하지 않은 조선 전기 이전 시대로 다시 돌아가지 않는 이상 그들과의 공존은 필요 아닌 필수가 되어버렸다. 미국과 중국의 무역 전쟁이라고 하기에 무색하게 불과 얼마 전 국내 최고 S그룹에서는 중국 투자가 더 확대되었고, 2022학년도 수능부터는 제2외국어/한문이 절대평가로 적용된다고 하니 그와 연관된 중국어의 중요성은 오히려 증대된다고 보는 것이 명확하다. 그렇다면 무작정 싫다고 혐오만 하고 기피할 것이 아니라 오히려 그 속을 파고들어서 그들을 정확히 파악하고 다른 사람을 위함이 아닌 나 자신의 발전을 위하는 길을 모색하는 것이 더 현명하다고 생각한다.

　중국 생활에서 놀란 점 중 하나는 이들에게 배울 점이 많다는 것이었다. 삼성페이나 카카오페이와 같은 폰 바코드를 통한 결제가 우리나라는 이제 점차 확대가 되어 정착된 지 몇 년 되지 않았지만 중국은 벌써 위챗을 통한 결제가 그 넓은 땅덩어리에 만연한 상태였다. 중국 전역 어디를 가더라도, 심지어 시골이나 길거리에서 장사하는 사람들 역시 현금 없이 스마트폰 하나로 해결하는 모습에 새삼 감탄사가 나온 적이 한두 번이 아니었다. 중국과 우리는 끈을 놓을 수 없는 관계이기에 중국과 중국인을 더 정확하게 알 필요가 있고 이를 위한 첫 단계는 단연코 그들의 언어, 중국어를 시작하는 길이다.

아무래도 다른 나라의 말을 공부하다 보면 어렵기도 하고 굳이 공부하지 않아도 생활에 지장이 없기 때문에 중도 포기가 잦다. 그러면 다시 시작하기도 힘들뿐더러 설령 시작했다 하더라도 또 중도에 그만둘 확률이 높다. 그만둔 경험으로 인해 이미 의지가 약해져 있기 때문이다. 나 또한 중국어를 공부하면서 스트레스를 받은 적이 있다. 그래도 나름 재밌고 빠르게 습득을 해왔고 언어를 점차 해가면서 이전에는 생각지 못했던 또 다른 기회가 창출되는 것을 보고 외국어 공부는 필수라는 것을 새삼 깨닫게 되었다.

이 책이 독자들에게 중국어 공부를 포기하지 않도록 옆에서 이끌어주는 좋은 친구가 되길 바란다. 밋밋한 방법으로 중국어 단어를 '언젠가는 외워지겠지'라는 마음으로 억지로 달달 외우기보다는 신선함과 충격, 허탈감으로 머리에 자극을 주면서 머릿속에 빠르게 오래 남았으면 한다. 그리고 나 또한 앞으로도 이 학습법을 통해 중국어뿐만 아니라 다른 제2, 3의 외국어를 직접 공부하고 터득해 이와 같은 노하우를 많이 알리고 공부하는 분들께 조금이나마 도움이 되었으면 하는 것이 나의 바람이자 목표다.

끝으로 이 책을 읽은 독자들 중에 내 도움이 필요하다면 적극적으로 성심성의껏 물심양면 도울 각오가 되어 있다. 중국어를 공부하면서 궁금한 점이 있으면 언제든지 문의하면 좋겠다. 중국어 단어 암기에 있어서는 이 책의 공부 방법을 오롯이 믿고 모두들 힘내길 바란다.

加油! 你可以做到的!(Jiāyóu! Nǐ kěyǐ zuòdàode! 지아요우! 니 크어이 쭈오따오드어!) 힘내요! 당신은 할 수 있어요!

감사의 말

한자에 무지한 나에게 많은 가르침과 도움을 주신 이정주 한문 선생님. 중국 생활에 많은 도움을 주셨던 정병훈 대표님. 나의 아이디어와 원고 진행에 많은 격려를 주셨던 라온북 조영석 소장님과 출판부 편집팀. 나중에 이 책의 공부 방법으로 중국어를 공부시킬 예정인 귀여운 세 조카 소은, 소혜, 소린. 그리고 마지막으로 항상 아들에게 격려와 함께 힘을 불어넣어주시는 우리 엄마 최영자 여사님. 아들을 흐뭇하게 바라보고 계실 아버지께 깊은 감사와 더불어 이 책을 바칩니다.

색 인

북큐레이션 • 인생의 필살기를 만들고 싶은 이들을 위한 책

《60일 완성 생존 중국어》와 함께 읽으면 좋은 책. 더 넓은 세상으로 나아가고자 미래를 준비하는 사람이 주인공이 됩니다.

핵심영문법48
헷갈리는 표현30
수록

Super Easy English

김종수, 앨리슨 리 지음 | 15,000원

네이버 화제의 포스트 Super Daddy의 '아빠영문법101'이 책으로 발간되다!

영어 공부를 시작할 때마다 항상 시작하는 영어 문법. 인칭, 단수, 복수, 형식, 시제……. 점점 복잡해지는 문법 때문에 매번 골머리를 앓는다. 또한 자녀들에게 영어를 가르치고 싶으면서도 내가 잘 모르는 영어를 물어볼 때마다 답답하다. 이 답답함을 해결해주기 위해 문법탐험가 아빠가 발견한 그냥 외우는 문법이 아닌 이해하는 영문법, 미국쌤 엄마가 찾은 한국인들이 가장 헷갈려 하는 영어 표현을 정리해 한 권에 담았다. 한국에서는 쉽게 접할 수 없었던 미국 교육 문화의 실제적인 모습도 함께 담아냈다.

스펠링비
모의테스트
수록

영어 공부, 단어가 답이다

최정원, 정수인 지음 | 13,800원

처음 보는 단어도 유추할 수 있게 하는, 영어 철자 왕의 똑똑한 어휘 학습법!

이 책에서는 영어 철자 맞추기 대회인 미국 「스크립스 내셔널 스펠링비 대회」에 3차례 한국 대표로 출전한 딸과 어머니가 스펠링비를 시작해서 미국 대회에 참가하기까지 지난 8년간의 경험을 바탕으로 아이 어휘 학습에 대한 해법을 제시한다. 단어를 많이 아는 것도 중요하지만 자신만의 어휘 학습법이 있어야 성과를 낼 수 있는 대회인 만큼 자녀를 위한 어휘 학습 가이드뿐만 아니라 영어 단어를 잘 외우지 못하거나 외워도 금방 까먹는 학생들에게 기존의 단순 암기 학습 방법에서 벗어나 어휘력을 향상시킬 수 있는 방법이 다양하게 수록되어 있다.

생각머리 영어 독서법

최근주 지음 | 14,000원

리딩부터 라이팅, 리스닝, 스피킹까지
영어 독서로 마스터하는 법!

고등학교 때 영어 울렁증에 걸렸던 저자가 영어 독서로 자기 자신은 물론 두 남매를 영어에 자유로운 아이들로 키워냈을 뿐 아니라 수많은 초등 아이들을 리딩으로 성공시킨 경험을 공개한다. 왜 영어 독서로 영어를 시작해야 하는지, 어떻게 아이들을 영어책 읽는 아이로 만들고 계속 영어책을 사랑하고 즐기는 아이로 이끌어갈 수 있는지, 읽기부터 쓰기, 말하기, 듣기까지 다 배울 수 있는 길은 무엇인지를 소개한다. 즐거운 영어 교육 방법을 찾는 엄마들과 영어 선생님들에게 실질적인 도움과 해법을 제시한다.

아이를 위한 영어자료 추천 리스트 수록

영어가 트이는 90일 영어 글쓰기

이명애 지음 | 13,800원

듣기, 말하기, 읽기가
저절로 따라오는 최강의 공부법

영어 '쓰기' 공부만으로 듣기, 읽기, 말하기까지 정복한 저자가 생생한 공부 경험과 팁을 알려준다. 영작문 공부라고 하면 까다롭게 문법을 따져가며 글을 써야 할 것 같지만 저자의 공부법은 훨씬 간단하다. 잘된 예문을 따라 써보고 조금씩 자신의 언어로 바꾸어가며 꾸준히 90일만 써보는 것이다. 중학교 영어 실력도 없던 저자가 영어 쓰기를 통해 영어의 전 영역을 마스터한 경험을 따라가다 보면 누구나 영어에 대한 자신감을 가질 수 있다. 누구나 쉽게 따라 할 수 있는 영어 글쓰기 노하우는 물론 책을 읽고 바로 따라 해볼 수 있는 50일 워크시트까지 담아내 초보 학습자들에게 좋은 길잡이가 될 것이다.

글쓰기 영작 연습 워크시트 수록